天

Borderless

下

博稽古今　融汇天下

法治必胜

江平 著
赵国君 编

法律出版社
LAW PRESS · CHINA
北京

图书在版编目(CIP)数据

法治必胜 / 江平著. —北京：法律出版社，2016. 4（2023.12重印）
ISBN 978-7-5118-8589-0

Ⅰ.①法… Ⅱ.①江… Ⅲ.①社会主义法制—建设—研究—中国 Ⅳ.①D920.0

中国版本图书馆CIP数据核字(2015)第252691号

法治必胜
FAZHI BISHENG

作　　者：江　平
编　　者：赵国君
责任编辑：高　山　黄倩倩
装帧设计：乔智炜
出版发行：法律出版社
编辑统筹：学术・对外出版分社
责任校对：杨锦华
责任印制：陶　松
经　　销：新华书店
开　　本：A5
印　　张：7.125
字　　数：158千
版　　本：2016年4月第1版
印　　次：2023年12月第2次印刷
印　　刷：天津嘉恒印务有限公司
书　　号：ISBN 978-7-5118-8589-0
定　　价：68.00元

销售电话：010-83938349　客服电话：010-83938350　咨询电话：010-63939796
地　　址：北京市丰台区莲花池西里7号(100073)
网　　址：www.lawpress.com.cn
投稿邮箱：info@lawpress.com.cn
举报盗版邮箱：jbwq@lawpress.com.cn
凡购买本社图书，如有印装错误，我社负责退换。电话：010-83938349

作者简介

江平，中国著名法学家，1930年12月出生，浙江宁波人，中国政法大学终身教授、民商法学博士生导师。

1948年至1949年就读于燕京大学新闻系。1951年入莫斯科大学法律系，1956年毕业回国进入北京政法学院（中国政法大学前身）任教。1983年至1990年历任中国政法大学副校长、校长。是第七届全国人大常委、全国人大法律委员会副主任。1988年至1992年任中国法学会副会长。2001年10月12日，被授予中国政法大学“终身教授”称号。享受国务院特殊津贴待遇。

江平教授被收入英国剑桥世界名人录并被收入中国多种版本的著名学者、著名法学家名录。

编者简介

赵国君，法律学者。“中国律师观察网”(www.ccwlawyer.cn)创办人。曾编著：《与正义有关：中国律师纵横谈》《耄耋律师仍少年：张思之大律师八十华诞纪念文集》（与孙国栋合编）《站在纳税人这一边：中国税收访谈录》《读懂财富：茅于轼文集》《我心自由：杜尚传》《别怂》等。

江老师的精神* 代序

贺卫方

尊敬的江平老师、王家福老师、夏勇所长、陈甦副所长，女士们、先生们：

能在这样一个仪式上致辞，我感到非常荣幸。在这里我有多重身份，但最重要的身份是江平老师的学生。作为学生，我们都应为自己的老师在74岁的时候被聘任为法学研究所的荣誉研究员表示由衷的祝贺，想跟江老师说：祝福您！

我相信很多机构都想和江老师发生关联，许多人都特别愿意表达他们内心的一份敬意。江老师在中国的法学界、教育界拥有如此崇高的地位不是没有来由的，重要的是江老师言行中体现出来的精神令人敬佩。我一直在思考这种精神，甚至也有幸体会这种精神。过去在中国政法大学读研究生，后来又留校任教，自己有机会聆听江老师教诲，感受他的魅力。1988年，我曾经在一家公司做业务员，后来因为某种原

---

* 2004年，江平先生被中国社会科学院法学所聘为荣誉研究员，在受聘仪式上贺卫方作为特约嘉宾致辞。

因，在那里待不下去，就找到江老师求助，他使我很快地回到了学术单位。可以说，在那个极其困难的时刻，是江老师把我又拉回到学术界。所以，每念及此，我总是对江老师心存感激。

我觉得江老师的精神可以从三个层面去理解：

第一，他有着非常强烈的令人感动的道德勇气。这种道德勇气可以说是延伸到他生活的每个环节。江老师有深切的家国之忧，并对民族的命运一直保持着最强烈的关注。他有一句名言，他也常常将其题给他的学生们："只向真理低头。"江老师60岁寿辰时，中国政法大学的毕业生们自发地为江老师祝寿。在祝寿活动进入高潮的时候，我们都要求江老师表演一个节目。江老师走路不太方便，但是我们还是看到他步履的坚定。他用英文演唱了美国工会运动的一支歌曲，叫《我们绝不动摇》。看到这个场面，在场的每一个人的心灵都深受震动。一个民族、一个国家需要有自己的脊梁，而江老师就属于这样的脊梁，而法治社会的建立靠的也就是这样的脊梁。

第二，江老师身上体现的是知识分子的尊严。在相当长的时间里，知识分子一直被视为依附性的群体，他们只是为特定阶级服务，缺乏独立的品格。直到今天，知识分子如何保持独立的品格，仍是我们每一个人都经常要面对的考验。江老师是著名学者，他的学术领域不仅仅在民商法，还在其他的许多领域，近年来尤其关注宪法问题。江老师意识到民法得以具有生命，离不开一个良好的宪治环境。江老师对于在中国建设宪治体制所面临的问题有敏锐的洞察,他的言说在理论高度和立论的独立性上都超越了某些一辈子研究宪法的学者,显示了江老师真正拥有知识分子的尊严、智慧和品格。

第三,江老师不断提携后学的精神感人至深。在70岁的时候,他拿出自己的积蓄,宣布成立“江平民商法学基金”,对于那些在法学学习和研究上成绩突出的学子加以表彰。同时,江老师足迹踏遍大江南北,给各种各样的人讲课,这些人都通过学习不仅了解了民商法的知识,还了解了江老师的精神以及他博大精深的学问。我认为江老师在我们这个时代里对于后学而言,可以说是影响最大的教师之一,他是我们这个民族的法学老师。

江老师内心充满着对生活和我们这个世界的热爱。他喜欢古典音乐,也是一个级别很高的球迷,对于世界杯和欧洲杯的转播,江老师也和年轻人有同样的热情,后半夜三点爬起来看球,第二天又兴致勃勃地参与学术研讨。那样充沛的精力让年轻人也自叹弗如。今天,这样的仪式让我为江老师感到由衷的高兴,也不免让我对于未来有一份企盼,希望将来我74岁的时候也能够受聘成为法学所的荣誉研究员,也有江老师这样健康的身体,更重要的是,有江老师这样的精神。谢谢大家!

目录

第一编　私权神圣

第二编　法学教育

第三编 律 师 谈

第四编 依 法 治 国

编 后 记

第一编 私权神圣

民法典:建设社会主义法治国家的基础

——关于制定民法典的几点意见

《法律科学》杂志组织这次中国民法典的制定笔谈会,我觉得是一件非常有意义的事情。正如这次笔谈会的命题所表明的那样,民法典的制定是“建设社会主义法治国家的基础”。或许正因为如此,应该充分认识到,民法典的制定是一项宏伟而艰巨的工程,它不大可能像其他法律的制定那样能在短时间内完成,可能需要三五年,甚至七八年。为了使这一历史性的立法工程有一个整体、全局性的宏观设计,我仅就有关问题谈几点看法:

首先需要处理好基本法与单行法的关系。《民法通则》制定的时候是以大量民事单行法为其立法指导思想的,那么,现今制定民法典时,是否仍然需要民事单行法?我认为,未来的民法典不该是一部包拢一切民事法律关系的“大而全”的民法典。由于社会经济生活、家庭生活以及民事权利的发展和迅速变化,尤其是在我国社会转型时期,不仅想把一切民事关系都规定详尽周延是不可能的,而且根据一些国家和我国台湾地区的经验来看,类推在民法中不但不会消除,而且还会成为法律制定和适用的一个方法,得到更大的适用。

那么,有哪些内容需要纳入民法典之中,又有哪些东西作为民事单行法最为适宜呢?1986年《民法通则》通过前后,以及我们可以预见的立法规划中,属于民事或与民事有密切关系的单行法大体可以概括为十类:商事和商事企业法,知识产权法,合同法,婚姻、家庭、继承关系法,不动产法,特殊交易形式法律如拍卖法以及正在起草的招标投标法等,交易安全保障法如担保法,特殊侵权行为法如环保法等。公法与私法高度融合的法律如国有资产法、国家赔偿法和有关国家订货的法律。以及传统大陆法系国家民法典不能包括的从英美普通法中引进的法律制度如信托法等。在这些单行法中,我们有把握地纳入民法典的只是合同法、担保法、继承法和不动产物权法。争议较大的则是家庭婚姻法。从民法所调整的市民社会关系来看,它包括两大物质生活:一类是人类为了满足自身生存物质需要的经济关系;另一类是人类为了使自身能得到种族延续的婚姻家庭关系。这两类关系均属于民法所调整的平等主体之间的关系。所以,我认为,在起草新民法典时,似应按各国民法典之通例,将这部分关系纳入民法典之中,以避免造成这样一种误解:似乎我国民法只调整平等主体之间的商品交换关系。至于其他一些单行法仍应保留其单行法形式,不应当把它们纳入作为基本法的民法典之中,以免形成“大一统”民法典所造成的庞杂、混乱,使其缺乏基本法的科学性。

第二点是关于外国法的借鉴与吸收问题。如果说1986年制定《民法通则》时的争论是民法与经济法之争的话,那么,今天制定民法典,这种争议意义已经不大了,或者没有多大争议了。今天制定民法典的主要争议可能是在多大程度上采用英美法模式和如何采用英美法模式的问题。既然采取民法典的立法体例而不采取“法官造法”的判例法形式,也就失去了从根本上采取英美法的可能;但吸收一些英美法的先进制度、规则则不仅可能,而且必要。从世界趋势来看,大陆法和英美法已经不是水火不相容的了。在一些国际统一法律文件中,不乏成功地把二者融合在一起的先例。我们也不否认,“二战”后一些国家和地区,在民法,尤其是商法方面受到了英美法越来越多的影响。从我国来看,《民法通则》就将担保统一放在债的担保之内,而没有按严格的大陆法理论体系将物的担保放在物权之中,把人的担保(保证)放在债权(保证合同)之中。我国担保法的出台继续采用了这一格局,并且把《美国动产担保交易法》的一些做法吸收进来,如扩大实行不转移占有的动产抵押制度。再一个例子就是代理制度。《民法通则》实施十多年来,代理概念有不断扩大的趋势。现今的外资代理以及正在试行的内贸代理制,已经不是原有代理概念所能包括的;统一合同法的制定以及有关部门正在制定的《经纪人法》,都在试图以英美法的制度来突破现有的大陆法框架。

第三点是关于公法与私法的界定问题。公法与私法在法律上如何界定远比它在法学原理上如何划分要难得多。

现今的世界上恐怕很难找到一部不掺入任何一点点公权力的民法典,但这绝不能改变也不应该改变民法典的私法性质。在以调整平等主体关系为主的单行法律中,有关行政权力的管理性规定越来越多了,但它们仍不失其为私法性质的法律。譬如,商标管理就是一例。但是,我们必须非常明确而坚定地说,商标管理,绝不同于枪支管理,它的全部目的就在于保障商标专用权人的权利不受到侵犯,仅此而已。还有一些法律则是明显地把私法性质的法律与公法性质的法律硬性地糅合在一起,如正在审议中的信托法就是将信托法与信托业法放在一起的。类似的还有证券法、期货法、保险法以及铁路法等。这样,在理解这些法律的性质时就不能单纯地以私法对待。可以说,公法与私法是一回事,而在一部法律中既有公法又有私法则是另外一回事。但我们应当尽量地有一个基本性质的划分,不要在立法中因此而造成混乱。有关土地权利和土地管理的法律可能是我国现行法律体系中公法与私法关系中最为混乱的一部分。我认为,在制定民法典时,台湾模式可以借鉴。台湾将有关土地权利的规定均放在民法典的物权篇中,而土地法则是有关地政方面的规范。私法与公法泾渭分明,避免了相互之间的重复和矛盾。公法与私法的界定还表现在民事合同与行政合同的关系上。近年来,行政法学者提出了行政合同概念,姑且勿论行政合同是否存在或到底哪些合同属于行政合同范畴,仅就其适用而言,它是否适用于合同法或将来的民法典,这是必须要探讨清楚的问题。

第四点是民法与商法的关系如何对待。认识民法与商法的关系必须坚持两点论:一是民商融合是趋势;二是民商仍有划分必要。就立法体例而言,形式上将已经颁布的诸如公司法、票据法、海商法、保险法再统一到一部商法典中确无必要,因此,让它们依然按照商事单行法的模式继续存在自然是顺理成章的。就商法总则而言,有两种模式:一是民法典中规定,完全实行民商合一;二是在民法典之外另立一部商事通则,依照当初《民法通则》的模式,将有关商事总则的内容加以规定。我个人认为采取第二种模式更为简便可行,如把它们放在民法典中会显得过分累赘,不能突出商法的特征。

第五点谈谈主体法与行为法。民事权利归根到底要反映在主体法中或行为法中,前者是法定的权利,后者在很大程度上属于约定的权利。主体法中的根本问题仍是11年前制定《民法通则》时争论的一个问题,即要不要承认除自然人和法人之外的第三民事主体——非法人团体。《著作权法》规定了非法人单位的民事权利,这就不可避免地要在民法典中加以规范。非法人团体中最为典型的莫过于合伙组织,《民法通则》将合伙作为主体法加以规定,最近颁布的《合伙企业法》也是按照主体法的思路制定的。然而,另外,《合伙企业法》又规定了(也无法不规定)作为行为法的合伙合同关系,正在起草的统一合同法又是将合伙作为典型合同加以规定的。既把合伙规定在主体法中,又把合伙规定在行为法中,必然造成内容的重复,将来的民法典不论把合伙规定在主体法抑或是行为法中又将与作为单行法的《合伙企业法》发生冲突。同样的问题存在于正在起草的“经纪人法”中。如何处理好主体法与行为法的关系,必须慎重考虑,科学定位。这不仅仅是一个法律技术问题。考虑到主体法具有国家管理监督问题,合同法则更具有契约自由、意思自治性质,二者的取舍涉及法律政策的导向问题。

最后谈一谈强制性规范与任意性规范的运用问题。强制性规范即国家意志优先于当事人自己意志的规范,而任意性规范则是当事人意志优先于国家意志的规范。调整市场经济平等主体的法律必须同时具有这两类规范,才能有治而不乱的法律秩序。在制定民法典时就要考虑如何巧妙艺术地运用这两类规范。在物权法领域实行的是物权法定主义,但在我国物权法律制度还不完善的时候,就不能绝对地说,法律没有规定的物权形态均属于不合法如典权。因此,只有在我们有了一部完善的民法典时,才能真正实行物权法定主义。在主体法中也应当明确企业法定主义原则,即只有法律规定的企业形态才是合法的,法律没有规定的,任何人不得创制和设立。至于在合同法领域,毫无疑问,不实行法定主义。人身权领域同样不应实行法定主义。未来的民法典将会对人身权做出更加周延的规定,但我们仍然不能说,民法典没有规定的,均属非法。有这样一条原则对保护公民和法人的正当权益是完全必要的。当然,它也不能适用合同法中的自由设定主义,这是由人身权的特征所决定的。

原载《法律科学》1998 年第 3 期

日本民法典100年的启示

民法典对于中国和日本来说，都是舶来品，都不是植根于本国土壤的固有法律制度，但中国的第一部民法典却是在1931年最终完成并颁布实施，整整落后于日本30年。从日本民法典和中华民国时期制定的这部民法典的质量和国际评价来看，虽然二者都是向西方，向欧洲大陆法国家学习的产物，但显然前者优于后者，国际的评价也认为前者远远高于后者。日本民法典是开创式地向德国民法典学习，而民国时期的中国民法典却是跟进式地向德国民法典学习，表现出很强的抄袭日本民法典的痕迹，这不能不引起我们深深的反思。

日本明治维新后，朝野对法律制度的改革在整个国家改革中的地位和作用非常重视，培养了一批具有思想深度的法学家，出版了一批具有理论深度的法学著作，也形成了自己的法律改革的理论。

19世纪70年代日本就已经派出学生到英国、法国、德国等不同国家学习“法科”，开始培养自己的法律人才、学者。日本民法典编纂工作的核心人物之一穗积陈重（1855—

1926年）就是其中杰出的一位。他在1884年就指出，世界上的法律制度，一般可以分为五大法系：印度法系、中华法系、伊斯兰法系、英国法系和罗马法系。这五大法系互相竞争，彼此消长，内中的规则是优胜劣汰。这方面最典型的例子是中华法系的解体。他认为，处于劣势地位的法族，如果不思进取，不进行改革或改良，就必然会被历史所淘汰。他指出，日本作为中华法系的一个成员，也面临着这一威胁。正是穗积陈重的这种危机意识，为日本学习西方法律文化，改良本国法制提供了理论依据。穗积陈重提出的法律进化论和法律改良主义论成为日本法制改革以及民法典制定的理论基础。强调法律进化论就是要加深危机意识：法律制度同样有个和自然界一样的"优胜劣汰"规律，不进行改革或改良就必然会被历史所淘汰。强调法律改良主义论就是要说明法律制度不能像国家制度那样可以被彻底打碎。新中国成立后，法律虚无主义的形成固然有许多原因，但彻底否定法律进化论和法律改良主义论不能不说是其中一个重要原因。直到实行改革开放政策后，我们才意识到法律制度必须革新，必须学习西方先进的制度，必须不断改革、改良，不能采取像建国初期对"旧法"一概废除的方法。可惜，这一认识，也花了将近30年时间，乃至于今天我们的民法典还没能出台。新中国成立前耽误30年和新中国成立后耽误30年就使得中国在民法学领域和民法典制定上落后于先进国家约半个世纪，这是客观上不得不承认的事实。

日本民族是一个善于学习的民族，它并不故步自封、夜郎自大,所以它能比我们更容易摆脱长期居于其中的中华法系,尤其是在民法领域。这种善于学习的精神与法律进化论和法律改良主义论是完全一致的,何为因,何为果,实在难以考证,也许也无此必要,但是有一点是非常明确的:既然是“优胜劣汰”,既然是“适者生存”,那只有学其优而去其劣,只有去学“适应之道”,不是让世界来适应自己,而是学会让自己去适应世界;既然是改革、改良,那就要选其最优者来学习。日本民法典制定过程中的这一指导思想也给了我们很大启示。

我们都知道,日本民法典的制定曾经经历了一个曲折的过程,最后通过的文本被称为“新民法”,与以前的“旧民法”相对应。旧民法的制订是以法国民法典为蓝本,那时德国民法典的制订尚未见端倪。但随着德国民法典制订的思想体系、框架、结构逐渐为人所知,日本一些学者敏锐地察觉到,德国民法典的“五分法”显然要比法国民法典的“三分法”更加科学、严谨,理论基础更加深厚。在经过激烈争论后,1893年,旧民法被否定,原有的工作都付诸东流,开始了重新以德国民法典为蓝本的立法工作。这种“推倒重来”的立法历史也给我们很深刻的启示,这就是要向当时世界上最新、最好的东西学习。德国民法典比起法国民法典来说,终究是晚了将近100年。这100年的世界变化实在太大了,不仅是科学技术、社会生活方式,而且也包括法律思想和法律研究成果,再拘泥于一百年前曾盛极一时的拿破仑法典已是不合时宜了。从另一方面看,日本民法典和德国民法典几乎是同时出台,日本民法典制定过程中,德国民法典并没有完整的出现,日本民法典也不是机械地照搬德国的民法典的条文。从这个意义上讲,日本民法典对德国民法典既有吸收又有创新,绝不是简单地赶时髦。

日本的法制改革尤其是民法改革,在考察了英国、法国和德国等诸国后,在比较了大陆法和英美法的优劣后,根据本国国情,依然采取大陆法体系;又在比较了大陆法体系中的法国民法典和德国民法典的优劣后,毅然采取了德国民法典体系,但这并不意味着日本决然排斥英美法中的一些优秀制度。其中日本对英国法中信托制度的借鉴吸收很值得我们思考。

日本民法典通过后的20年期间正是日本经济和国力迅速发展的时期。继日俄战争日本取得胜利后,又在第一次世界大战中,趁欧洲国家由于战争两败俱伤之际,自己既不受到破坏损伤,又以战胜国地位扩张自己实力。随着日本经济力量的强大,金融业发展迅速,英美法中行之有效的商业信托制度带来了极大的便利。虽然这种信托机制与不久前通过的日本民法典规则格格不入,但丝毫不妨碍金融界迅速吸收采纳这一制度,在短短的时间里日本成立了数量众多的信托公司、信托银行,为日本的资本积累起到了相当大的作用,但也带来了一些混乱,包括法律上的混乱:没有相应法律的规范。正是在需求和规范的推动下,日本在1923年又通过了信托法。信托制度植根于英国的衡平法,它的双重所有权的制度设计是与大陆法国家中的绝对所有权制度格格不入的。但是日本民法学家克服了这些障碍,作为采纳民法典的大陆法体系的国家,第一个大胆地在民法典之外,又制定通过了信托法,这不能不说是日本民族敢于学习不同法系不同国家优秀制度的又一个例子。作为大陆法国家,在民法典中规定了财团法人制度,同时又在信托法中吸收了英国公益信托制度。学校、研究机构、慈善团体既可以依财团法人设立,也可以按公益信托设立,其灵活性可见一斑。

在信托领域内,日本并没有就此止步。第二次世界大战日本战败后,要恢复国民经济就急需恢复电力、煤炭、钢铁登记处工业。由于通货膨胀的影响,银行无力提供足够的长期设备资金。另外,日本信托业萧条,面临着生存危机。1952年日本信托协会向大藏大臣提出关于信托信贷的实施方案。同年国会通过《贷款信托法》。贷款对象限定为"资源开发及其他重要产业",信托方式不像普通信托那样由委托人和受托人双方协商,而是由银行事先定下一个经大藏大臣批准的信托约款,信托银行依约款在规定期间内出售一定面额的受益证券,购买和持有该政权的人则自动加入贷款信托。日本的这种贷款信托是日本独有的,根据当时经济发展的需求、依据信托法的基本规则而创设的。

日本自奈良时期开始学习和采用中国法制制度,已经有1000多年了。日本长期以来也是中华法系的一员。日本民法典的100年就是日本抛弃中华法系向西方国家学习的100年,就是在法律进化论和法律改良主义指导下的演变的100

年,就是“主动式”“开创式”“择其最优者而学之”的100年。

我们正在制定民法典,日本民法典的100年应该成为我们制定民法典时的借鉴,也可以说是一种财富!

原载《环球法律评论》2001年第3期

真正的公平是机会平等

今天我们必须要完善市场秩序、市场竞争的规则，把那些不公平、不正当的竞争，扼死人喉咙的竞争从法律上加以限制。

我们可以说市场自由体现的是效率，市场秩序体现的是公平。市场自由要求国家更少的干预，而市场秩序则恰恰相反，要求更多的干预。在这种情况下我们就会看到这形成了市场法制一个很大的矛盾。

中国的现状是市场自由上国家干预度过大，要求国家减少不必要的干预。在这种情况下我们可以看到市场还不是真正发育的市场，美国和欧盟也不承认我们是真正意义上的市场经济国家。同时我们还可以看到我们的市场秩序又相当混乱，有两个毒瘤侵害着市场的肌体，一是信用度很差，二是商业贿赂横行。在这样一个环境下成长的市场主体——公司，必然也会带有不健康的因素。

与此同时，在我们需要加大政府管理力度的地方，可能我们又感到有些失望。在这个意义上市场法制建设要在市场自由方面加大立法的力度，而这个力度在于减少政府不必要的干预。但市场秩序却恰恰相反,要求国家加大管理的力度,使得我们的市场秩序环境更美好。

另外,我们要看到市场自由从法律上来说是属于私法的领域,而市场秩序则是公法性质。从私法的角度来看,市场自由应该更多地体现并保护私人的利益,我讲的私人包括私主体、公民和法人。市场秩序更多体现的是公共利益的保护。那么由此看到了第二个市场法制的矛盾,就是在这个市场里面既需要强调保护私人的利益,还要强调保护社会的公共利益。

只保护私人利益,不保护公共利益不行,但是也不能借保护公共利益为名来侵犯私人应该享有的合法利益。在我们当前的社会当中,这两种现象都有。第二种现象也不得不引起我们的注意。确实我们需要整顿社会市场的秩序,而我们在整顿社会市场秩序的同时,又出现了一些侵犯私主体合法权利的现象。因此在市场经济里面,法制领域中如何处理好保护私人的利益和保护社会公共利益之间的矛盾,这是一个比较尖锐的问题。

市场自由的立法

关于市场自由的立法问题,我认为市场自由应该包含着三大自由。

第一个自由是财产自由。财产自由应该是一个市场的基石,如果财产都得不到保障的话,就谈不上市场经济。而在我们市场的财产自由里面,首先应该确认任何财产都应该获得平等的保护,不能够借口所有制的不同而强调财产保护的不平等。

我也可以举一个实际的例子来看这个问题。前几年我碰到了香港的一个案子,其中原告是香港的一家企业,被告是一个航空公司。本来这个案子应该在内地的法院审理,但是原告在香港的法院提起了诉讼。因为按照香港法律如果原告可以证明在原告所在地以外的地区得不到公平审理的话,那么这个案子就可以在香港法院来受理,而原告恰恰拿出一系列的证据来论证,这个案子在内地的法院得不到公平的审理。原告方举了很多的例子,引用报刊上公开发表的文章和讲话,这些讲话里还引用了一些法院院长的讲话,甚至有的是比较高级别的法院院长的讲话。这些院长都是讲我们法院要为国有企业保驾护航,为国有财产保驾护航。如果这样来看的话,人家认为你的法院并不是公平地对待所有的企业,也不是公平地对待各种不同的财产,你是有倾向性的,你的天秤是倾斜的。

同样还要解决保护财产的问题,应该确立任何私人财产只有在法律有明确规定的时候才能够被剥夺和限制,我想这一条应该是确立市场经济很重要的一个原则,否则任何人的财产都得不到安全的保障。

从这次《物权法》可以看出,第一,确定了只有社会公共利益需要的时候才可以征收征用;第二,征收征用的时候必须要给予“合理”的补偿,比过去“适当相应”的补偿所用的词更准确了。同时还规定了一条很重要的,就是征收土地以后给的补偿应该真正落实到农民的手中，而不是给各级政府或者村委会。我想这个就确定了市场很重要的一个法律原则，就是国家要发展、城市要发展，不能靠剥夺农民和剥夺城市居民来完成。

此外，我们还面临着一个问题没有解决。现在征收和征用补偿的办法和标准都是由各级政府来决定的，而各级政府也是通过规范性的文件来加以规定的。南京市房屋怎么样补偿是南京市政府做的规定。而我们国家现在还不允许对政府抽象性的规定、抽象性的行政行为和规范性的文件向法院提起诉讼，我们没有司法审查的制度。这样的话政府抽象的行政行为、政府的文件侵犯了私人财产的利益应该如何补偿，仍然得不到救济。因此在这一点上我们需要从法律上进行完善。

第二，我们可以看到市场里面必须要保障交易自由。交易自由、契约自由和合同自由应该表现为市场主体可以从事任何法律没有禁止的活动，这一条原则目前在个别的城市得到确立。比如说北京市人大常委会通过的《中关村科技园区条例》第一次明确规定了在中关村科技园区成立的企业可以从事法律没有禁止的任何活动。我想这个原则应该确立为我们市场法制一个至高无上的原则。如果说过去法制还不完善，我们说这一条执行起来可能还有困难；如今法律空白都已经填补了，我们应该明确地说只要法律没有禁止的就应该认为是合法的行为，而任何合法的交易行为、合法的经营行为都应该受到法律的保护，也不能任意被停止和关闭。在整顿秩序的名义下，我们现在仍然会关闭一些合法的经营主体和行为，而且也没有任何的补偿，这个在全国，尤其是基层还是比较多的。如果你是非法的，你没有经营资格，没有采矿的资格，没有营业执照，那么是应该取缔的；假如人家有了合法的行为，为什么仅仅以整顿秩序为名随便加以关闭呢？

第三，营业的自由、投资的自由。我想这次《公司法》修改已经体现了营业自由和投资自由的精神，大大降低了设立公司的门槛，也减少了一些不必要的审批，包括股份公司的设立过去要省部级的批准，现在把发起设立的股份公司和一般的有限公司都一样对待，说明我们的立法有了很大的进步。但是我们应该看到现在行政审批制度的问题在市场行为里面还没有解决。我们的《行政许可法》颁布的时候有一条原则很重要，就是在市场经济里面的行政审批，行政许可应该贯彻这样一个方针，就是当事人能够自己解决的尽量由当事人自己解决，当事人自己解决不了的由社会组织、社会中介机构解决，而只有当事人自己不能解决的，社会中介组织、社会力量也不能解决的才由国家审批来解决，可见我们在这一点上贯彻了国家权力最小最后的原则。我想这一条原则应该在我们的市场经济里面更好地得到体现，而实际上有些政府机构不愿意放弃自己手中的权力，即使《行政许可法》出来了以后仍然用其他的方式，用其他的行为来替代行政许可和行政审批的方式。

法制的市场秩序

市场秩序更重要的是完善市场竞争的法律,真正的公平应该是市场的机会平等。

美国在20世纪30年代有一个案例,当初经济危机、经济萧条,很多工人失业,其中有一个工人找到工作以后又返还给了雇主一部分工资,其他工人为此告到法院,认为这是不正当竞争的行为,这是具有商业贿赂性质的行为。这个案子到了美国最高法院,最高法院判决说,一个人给另外一个人的钱是为了提供他的劳务和服务,那么这个佣金是合法的。一个人给另外一个的钱仅仅是买一个机会,或者保留一个机会的话这个就是非法的,因为机会面前人人平等,谁都没有能力、也没有权利花钱去买机会,机会对任何人都是平等的。因此,我认为市场最高的法则就是保护在市场的机会面前人人平等,任何人不能够利用权力和金钱来买一个机会、取得一个机会。利用权力取得机会,利用金钱来取得机会这个就是非法的。

今天打击商业贿赂方面恰恰体现了这样的精神。小洛克菲勒最近写了一本回忆录,这本回忆录里面讲到他的祖父成家立业的时候很多人攻击说是强盗行为,小洛克菲勒说当时这些行为都是合法的,只是因为没有规则。而今天我们必须要完善市场秩序、市场竞争的规则,把那些不公平、不正当的竞争,扼死人喉咙的竞争从法律上加以限制。

如何完善这两方面的法律呢？

我们刚刚提交的《反垄断法》就是这方面重要的法律。有人把《反垄断法》叫做经济宪法，其实我认为真正的经济宪法应当不仅仅包括《反垄断法》，还要包括《反不正当竞争法》《反倾销法》和其他一系列竞争的法律。市场竞争的法律就是秩序的法律，市场竞争的法律里面就有在什么情况下出示黄牌、什么情况下出示红牌让你退出的机制。我们现在对这方面规定的还很不够，这次《反垄断法》讨论当中居然对于要不要写行政垄断、要不要写上反对行政垄断出现了争议，以前的草案里面有专门一节来讲反对行政垄断，没想到这个却受到一些国家机关的反对。利用国家的权力来控制市场明明是违法的行为，但是居然还是会有人反对，可见中国在市场经济当中反对行政权力的控制和垄断仍然是很重要的。

前一段时间闭幕的全国人大常委会上对于我们的刑法做了一系列的补充和修改，而刑法的补充修改可以看出体现了一个很重要的精神，就是对于商业犯罪的打击，这个打击不仅仅是指偷税漏税、走私的问题。这次修改重点有两个问题，一个是破坏商业信用，另一个是进行商业贿赂，对于隐蔽财产来逃避债务的，破坏了商业信用的做了一些规定，同时对于商业贿赂也做了特别的规定。

这次的条文里面有一条是这样说的："公司、企业或者其他单位的工作人员，在经济往来中利用职务的便利违反国家规定收受各种名义回扣手续费,如果归个人所有的应该承担刑事责任。”大家可以看到过去我们讲的贿赂更多是用金钱来买政府的公权力,贿赂了海关的人员、税务部门的人员,用钱贿赂了药检部门的,可以让他批给我一个药,而如今这个规定讲的是公司和企业工作人员利用它自己在经济往来中收取这样一些贿赂,这个贿赂显然不是拿钱来买公权力的,而是花钱买企业手中掌握的权力。由此可以看到我们对于贿赂已经明确分为公权力的贿赂和商业贿赂,对于商业贿赂现在也看得比较重,虽然它的性质和公权力的贿赂不同,但是对于我们社会的危害也是非常明显的。

日本田中角荣首相由于从洛克希德公司拿回扣出现了问题,此后美国很重视这个问题。所以,美国法律规定严禁美国公司在海外从事商业活动中利用商业贿赂取得机会。我想只有从法律上作出明确规定,而且在执法当中很好地完善才能解决这方面的问题。

目前我们的立法越来越完善,但是我们的执法活动相对来说比较落后。本来立法和执法的矛盾在任何国家都会有,总不可能一个法律通过之后执法就能够完全跟上。但是中国的立法和执法我们可以看到很明显的差异。其中一个重要的原因就是我们的执法机构本身存在问题,就是执法机构有部门的利益和地方利益的保护。我们拿知识产权为例,知识产权老早就决定了成立一个知识产权局,把所有的知识产权集中在知识产权局来管,但是知识产权局成立了这么多年,商标仍然由国家工商管理总局来管,著作权仍然由出版总署来管,权力始终不能集中在一个执法机构以便加强执法的力度,这一个问题就可以表明中国在执法里面各自部门利益的阻碍作用有多大。

拿这次《反垄断法》来看,它的执行机构是谁呢?商务部强调应该由商务部来执法,因为《反倾销法》是由它来执法的;但是国家工商管理总局认为:《反不正当竞争法》上我是执法机构,所以我应该执法。它们为了这个争论很久,最后《反垄断法》只能规定在国务院下面设立一个反垄断的部门,由它来管。所以中国的执法机构各自为政,现在都在争自己的利益,这存在很大的弊端。在国外,大家可以看到很多国家成立了很强力、统一的执法机构如公平交易委员会。公平交易委员会有很强大的执法力量,甚至可以进行调查,因为商业贿赂就是不正当竞争行为的一种,而商业贿赂必须要动用侦查的手段。所以在这个意义上来讲我们要有一个统一的、强有力的执法机构,而不能像现在这样每个部门都拥有自己的执法机构,执法以后得到的利益和自己的利益可能是相关的。

我们在执法过程当中另外一个急需改进的现象就是当市场出现违法行为的时候,我们没有足够的立法,甚至有了立法,但是没有很好的执法,所以逐渐的就变成了潜规则。医院拿回扣成了潜规则,每一个行业里面拿回扣成了潜规则,而这些潜规则形成了以后,等到已经成毒瘤了,就给社会造成重大的危害了。等到引起社会各个阶层很大不满的时候我们才决定重拳出击,但这时它已经形成了很强大的破坏社会的力量,你也不能够把这么多人都绳之以法。有的人说按医院拿回扣来说,可能有很好的医生都要承担刑事责任了。所以在这种情况下执法只能够重点打击一些;重点打击的未必就是最严重的,未必就是最典型的,这样也会引起社会一些人的不满,因为这么多的现象为什么只抓我一个人。所以中国的法制必须要很好地来解决这个问题,能够在出现违法现象的时候及时加强执法力量加以纠正,不能等问题已经成风了,我们再来惩办诸如此类的问题。

2006 年中国留美经济学会年会上的演讲

民法文化初探

上　民法源起

民法文化的成因

源于罗马法的大陆法系,又名“民法法系”,足见民法在这个法系中的地位。“民法典不管是在哪里,都往往被当作整个法律制度的核心。”

在众多的部门法中,民法仅是其中之一,与刑法、诉讼法、行政法等均处于宪法之下的第二层级,称其为“文化”而超于其他部门法之上似乎有哗众取宠之嫌。其实,任何一个了解西方法律发展史的人士都会有这样一种认识:在基本上为一元化的西方法律史中,发展得最完善、最引人注目、最为学者所看重并致力于研究和开拓、最有力地推动社会发展、最深入人心、影响人们思维与行为的法律非私法莫属,而私法无疑是以民法为基础,并以民法为主干的。

作为民法法系之源头的罗马法在发展之初存在二元立法体制,高贵的罗马市民适用市民法,外来居民适用万民法,以显示出罗马市民与外来居民在身份上的区别。至公元

212 年,卡拉卡拉大帝将罗马市民权普遍授予罗马居民,市民法与万民法实现合流,开始以市民法指称罗马法,尤其是罗马私法。

罗马人以敏锐的观察力将法律分为公法与私法,认为公法是调整公益的法律,而私法是涉及个人利益的法律。但是,由于在罗马共和国的发展过程中,几乎没有建立起有权威的统一的中央集权国家,其公法相对落后,但其私法部分却借助地中海沿岸商业的发达而得到了完备的发展。这样一种政治现象在其后的欧洲大陆国家中也同样存在,如法国直至 1789 年大革命之后才真正建立了统一的资本主义国家,德国直到 1871 年才建立俾斯麦帝国,统一了整个德意志。这样的政治形势反映到立法中来,大陆法系各国的法律体系中便呈现出一种有趣的格局,即其私法(民法)部分极其完善,而公法部分则非常薄弱。难怪有的学者指出:“尽管公私法的区分源于罗马法,但公法直到近代之前一直是相对不发达的。”我们不能不承认,大陆法系中公法长时期没有地位,私法却得到了充分发育,这正是民法占据重要地位乃至成为一种文化现象的原因之一。

民法之所以被称为一种文化现象的深层次原因还在于民法所体现出的精神对人的生存所发挥的作用。民法是与人类经济、社会生活连接最为紧密的法律部门。作为市民要求的反映,民法的理念、原则、规范集中体现了人类社会文明、进步生活的基本规则和社会成员对权利与自由的向往和追求。民法之谓“法”,其实是将这些基本规则和追求赋予了法律的成分,而其营养源泉,则深深植根于人类文明的发展之中;民法自身也因其对人类生存的关怀而融入文明的洪流,推动着社会的进步。有关平等、自由的观念,往往都是先在民法中予以确认,而后才见诸宪法的。民法的许多理念几乎不需经过任何加工即可成为法哲学的研究对象,成为整个法学发展的向导。

至为重要的是,尽管有许多部门法确认了人的权利,唯独民法给予了具体的权利操作方式,从而使得主体不仅知晓享有何种权利,而且得以在社会生活中正确地行使权利。虽然民法自身不能直接使主体实际获得权利,却能使权利的实施行为得到法律的确认,并得到相应的保护。正因为民法具有人法、权利法的特征,才使它成为与主体的社会生活联系最为紧密的法律部门。所以,当民法被视作人民权利的圣经而成为人行于世不可或缺的安全保障时,当民法的理念成为各个社会形态所共同追求的目标时,当民法作为实现国家统一的精神支柱时,当民法已是人类文明的重要构成并通过自身推动社会进步时,我们就不能不承认民法是一种文化现象了。

民法文化的概念及其特征

民法文化作为法律文化的分支及其主要组成部分,是指以市民社会和政治民主为前提,以自然法思想为哲学基础,以民法特有的权利神圣、身份平等、私法自治之理念为内涵,运作于社会生活而形成的、社会普遍的心理态势和行为模式。

作为东方的泱泱大国,中国与西方世界一样,均经历了原始社会、奴隶社会、封建社会及资本主义的萌芽期,然而在法律文化上,两者却迥然相异。中国传统法律文化在观念上强调礼主刑辅、身份本位、义务本位,强化权威服从和顺民的观念,强调个人对家庭、社会和国家的义务,却无视权利之存在,使法与"刑""律"等词义等同起来,都是以暴力、惩罚、强制、专政为特征。法律条文多禁止性规范而少授权性内容,忽略和轻视人的独立人格、自由、尊严和利益。从本质上来说,这是一种崇尚公法威力而轻私法的"公法文化"。但是,在欧洲大陆却生成了尊重个人自由和权利、追求人格独立和身份平等、保护私人财产的所有权、力戒国家权力扩张、当事人得依自由意志决定其行为的法律思想,从而形成了"民(私)法文化"。

为什么在中西方文明发展史中,法律文化会出现如此大的区别,其表象背后的根源是什么呢?笔者通过考察民法文化的特征,或许能够对东西方法律文化差异之原因稍作揭示。

民法文化的形成与传播以市民社会的存续为基础

民法为市民法之误译,此早已为有的学者指明。两者虽仅相差一字,却将民法与市民、市民权利以及市民社会的联系,也一并省略掉了。民法既为市民法,自应以市民及其行为作为调整对象。市民并非一般意义上的居住于城市的人,而是指因进行商品交换依傍于市场而主要在城市生活的人，它构成了社会的一个阶层。市民在简单商品经济发达的罗马时期即已产生，由市民的相互交往而建立的组织以及各种设施的总和构成了市民社会，这是市民的活动空间。市民以私人利益为本，以交换为纽带，以对财产的拥有为基础，以意志上的自由为追求，构成了一幅活生生的市民社会的画面。

马克思借用了黑格尔“市民社会”的概念，并根据市民社会和政治国家的关系，作出了正确的论断。马克思对市民社会作了两种理解：作为历史范畴的市民社会指人类社会的一个特定发展时期。在这个时期，存在个人利益发展到阶级利益的过程，此点与市民法无关。作为分析范畴的市民社会，是对私人活动领域的抽象，是与作为公共领域的抽象的政治社会相对应的。笔者认为，在马克思那里，作为分析范畴的市民社会有以下特点：

首先，私人利益和需要是市民社会存在的条件，利己主义是市民社会的本质，交换是市民社会的运作方式。市民社会是私人活动的领域，私人利益是其成员追求的目的。“任何一种所谓人权都没有超出利己主义的人，没有超出作为市民社会的成员的人即作为封闭于自身、私人利益、私人任性、同时脱离社会整体的个人的人。”“把人和社会连接起来的唯一纽带是天然必然性，是需要和私人利益，是对他们财产和利己主义个人的保护。”

在市民社会中，个人是存在的最小和最基本的单位，一切均是以个人为基础而进行的。自然人是其他一切机构的主体和利益的基础,而私人利益则成为其最关心的事。作为市民社会中的人,是以实现私人利益为奋斗目标的。在这里,从未有人会在主观上将公共利益作为其行为的目的。为了实现私人利益,市民间必然要进行经济交往,市民社会的外在表现即在于交往,在于物质上的交换过程。市民社会包括各个个人在生产力发展的一定阶段上的一切物质交往,它包括该阶段上的整个商业生活和工业生活。随着商品生产即不是为了自己消费而是为了交换的生产的出现,产品必然要易手。这种易手是通过建立契约来促成的,契约的总和构成了市场,而这种市场制度恰恰是市民社会在经济上的表征。正是通过交换,确立了当事人之间的平等,并使私人利益得以实现。

其次,自由是市民社会的基础,平等是自由前提下的平等,安全是市民社会的保障。自由这项人权的实质是对私有财产的拥有,而"私有财产这项人权就是任意地……和别人无关地、不受社会束缚地使用和处理自己财产的权利;这项权利就是自私自利的权利。这种个人自由和对这种自由的享受构成了市民社会的基础。这种自由使每个人不是把别人看做自己自由的实现,而是看做自己自由的限制"。

在市民社会中,自由是市民使用和处理自己的财产、获得私人利益的条件,也是市民社会本质之所在,它通过对私有财产的占有和自由支配及契约制度体现出来。

市民社会是一个充满各种交换的社会,而交换的发展必然在市民中产生平等的要求,"交换,确立了主体之间的全面平等”。但是,平等并非市民的最终要求,这只是其实现自己的利益——私有财产占有的自由的条件和方式。因此,“从非政治的意义上看来,平等无非是上述自由的平等,即每个人都同样被看做孤独的单子”,即看作各个私人利益的所有者。没有平等,则阻塞了通往自由的路途;没有自由,平等则成为漫无目的的游子。

市民社会的发展除了自身平等、自由的要求以外,为了使相互间的交往能够和平地进行,避免一方为自利而违背这些原则,则必须用安全来加以保障。“安全是市民社会的最高社会概念,是警察的概念;按照这个概念,整个社会的存在都只为了保证它的每个成员的人身、权利和财产不受侵犯。”不过,安全这一“人权”虽是市民社会的需要,但并非是市民社会所能提供的,恰恰是政治国家作为的天地,是国家为了保障自己经济基础运行所必须采取的手段。这样,马克思就“用政治国家和市民社会的关系、政治解放的本质来解释”了市民社会和国家之间的区别和联系。正是市民社会的要求得到了政治国家的确认,而非政治国家创造了这种“理念”强加于市民社会之上。

最后,市民社会是全部历史的真正发源地和舞台,是国家的前提,国家是市民社会的体现。市民社会构成了特定国家的经济基础,人类的一切文明包括政治国家的产生都是源于这一蕴含着各种进步信息的母体。这一名称始终标志着直接从生产和交换中发展起来的社会组织,而这种社会组织构成了国家的基础以及任何其他观念的上层建筑的基础。

“有一定的市民社会,就会有不过是市民社会的正式表现的一定的政治国家。”可以说,在市场经济体制下的社会主义国家中,市民社会也同样存在,这将是孕育中国现代法制的基础性因素。

作为政治国家的对称物,市民社会本身并无暴力,所存在的是对市民平等、自由及交往的尊重。作为国家意志的市民法正是要反映出市民社会的要求,并通过自身促进市民社会及市民行为的有序化。

民法文化的形成与发展以政治和经济的民主为前提

考察一下欧洲大陆的政治及经济发展史,我们就会发现民法和民法文化与政治及经济的紧密联系。当实行开明政治、经济放任时,民法便得到发展完善,其中所蕴含的文化特质便得以体现。

罗马社会进入奴隶制之后,历经王政、共和和帝制时期。即使在帝制下,也并未实行东方式的专制统治:皇帝握有生杀予夺之权,王位世袭,一切法令均由皇帝以旨意的名义发出。在罗马帝制下,元首并非世袭,而是由前任在群臣中择其优者任命,这样就避免了世袭制的弊端。而且,元老院作为国家权力机构,虽然势力逐渐缩小,但仍然存在,并与元首成牵制之势,故罗马帝制仍为一种开明统治,在政治上未实行高压政策。

经济上,随着奴隶制逐步走向完善和发展,罗马帝国于公元一二世纪在经济发展上进入了一个前所未有的黄金时期。帝国颁布了许多限制奴隶主虐待奴隶的法律,并在帝国境内广泛修建和扩展交通大道,开辟了新市场和口岸,各关卡收税极低。社会各阶层的新官僚阶级已不像旧元老贵族那样对工商业不屑一顾,而是非常关心经济利益,对经济发展起了鼓舞作用。罗马政府很少对工商业进行限制,这种经济上的民主为市民法与万民法的融合,并逐步走向完善提供了社会背景,并使市民法中所体现的平等、自愿的文化理念渗入民众的精神之中。

经过中世纪教会法的统治和庄园经济,城市重新兴起,工商业又发展起来,市民等级再次在欧洲大陆出现,商品经济使全社会都无时无刻不感到它的存在和力量。为了打破封建制的桎梏,代表新生产力的市民等级建立了资产阶级国家,为市场的开拓扫清了政治障碍。三权分立成为政治体制的组建原则,权力互为制约,力避权力出现垄断,从而实现了政治上的民主。新成立的各国均以致力于经济发展为己任,自由市场经济体制为各国所认同,允许自由经商,任何人均有权拥有财产,国家仅为市场的"守夜人",而不得对经济活动横加干涉。

在此经济、政治背景下,第一批民法典在西欧诞生了。1804 年的《拿破仑民法典》是世界上首部冠以"市民法典"的法律文件,它将市民等级在大革命中所呐喊出的自由、平等和人权的口号体现出来。《法国民法典》以其所含有的简短有力、带有宣言性、充满思想性的规定,宣告了一个时代的到来,民法典亦因此而成为法律精神的象征。正因为如此,

《法国民法典》才得以成为大陆法系中影响最广、标为楷模的法典，成为民法发展史中的一座丰碑。它能够取得如此高的成就，恰恰是法国在彻底革命的基础上所实现的政治和经济的民主所致。

民法文化以自然法思想为其哲学基础

任何一种人类文明的塑造，都离不开哲学思想的指导，民法亦不例外。自罗马法到法国民法典及19世纪一系列民法典的诞生，自然法思想始终是其精神支柱。古希腊的斯多葛学派已提出了自然法理论。按他们的理解，所谓自然就是统治原则，它遍及整个宇宙。这种统治原则本质上具有理性。芝诺认为，整个宇宙是由一种实体组成的，这种实体就是理性。因此，自然法就是理性法。理性作为斯多葛学派的一个重要概念，被认为是一种遍及宇宙的万能的力量，是法律和正义的基础。人类作为宇宙自然界的一部分，本质上是一种理性动物，服从理性的命令，根据人自己的自然法则安排其生活。斯多葛学派自然法概念中的另一个重要含义是平等原则。该派认为，人们在本质上是平等的，并以此创立了一种以人人平等原则与自然法的普遍性为基础的世界主义的哲学。他们的最终理想是建立一个在神圣的理性指导下，所有人和谐共处的世界国家。西塞罗亦认为自然法的本质是正确的理性，理性是人区别于自然界其他动物的标志。人的理性是上帝（即自然）赋予的，故人应服从于自然。由此，西塞罗提出了著名的“恶法非法论”。虽然我们不能说在罗马法的整个发展过程中斯多葛派自然法观念的作用是首要因素,但它无疑对罗马帝国政治和法律的发展产生了重大影响,这一点从《查士丁尼法典》中得到了充分反映。

十七八世纪,古典自然法学派在欧洲兴起,格劳秀斯为其奠基人。在其所经历的缓慢发展过程中,自然法将侧重点从理性法的客观基础是人的社会性转向强调人的"自然权利",认为制定法应以确立人的自然权利为己任。它摒弃经院式方法,把法的系统性提到颇高的程度;它以科学为榜样,以一种公理的、完全合乎逻辑的方式表达它的法律观。它发现了法律与自由、平等价值之间的联系,并"通过无视历史,并将注意力集中在努力发现一种理想的法律和正义制度,完成了一项社会任务。其意义超过了单纯研究法制史的学者所做的工作。经过几代思想家的集体努力,古典自然法学家奠定了现代西方文明法律大厦的基石"。自然法哲学将人从中世纪宗教的统治中解放出来,并掀起了强大的法律改革运动;以此为哲学基础的《法国民法典》《德国民法典》和《瑞士民法典》,通过赋予其效力范围内所有人以一定的自由、平等和安全,实现并实施了古典自然法学派所提出的某些基本要求。

进入20世纪,尽管自然法学派得到了必要的修正并且影响日渐式微,但民法典已作为其思想的载体和继承者,将其精神融入新的时代,并以自身的力量实现着自然法中平等、自由的信念。

民法文化以私法自治、身份平等、私权神圣为基本理念

民法是市民社会和市民交往关系在法律上的体现,而市民社会则是商品经济或市场经济的载体。市民所进行的商品生产和交换活动,必然要求商品生产者在法律地位上与其他人同样平等,要求任何人在商品生产和交换的关系中地位平等,依照自己的意思生产和让渡产品,并保证自己的财产不受侵犯。民法当然要将市民的这些要求纳入自己的体系中去,从而形成了私权神圣、身份平等和私法自治等基本理念。民法文化的这些理念正是市民对其生活的最高行为准则的界定和期盼。两千多年来,这些理念不仅见诸法典之中,且已经渗入市民的日常生活,“成为国民的牢固成见”。尽管随着垄断的加剧,政府对市场干预的加强,市场作用受到怀疑,民法所体现出的诸理念均受到了影响,但并未从根本上动摇其作为民法精神的地位。离开了这些作为其精神支柱的内在价值,民法便会变作没有大脑的躯体,就再也不会散发出绵亘数千年的魅力,人们也不能再将民法视为权利的圣经了。这种民法可以称为“堕落的民法”。

民法文化以对人的终极关怀为价值取向

恩格斯曾经指出,“民法准则只是以法律形式表现了社会的经济生活条件”。这一社会的经济生活条件,实际上就是市民社会所负载的商品生产和交换的条件。这些条件包括生产力发展所产生的社会分工及财产为不同利益主体享

有所有权，主体脱离人身依附关系而具有民事权利能力，自由地表达意志，通过契约参与市场的运行，借交换实现自己的利益追求，同时使对方的利益追求得以成为现实。但是，我们并不能据此判定民法是商品关系法，认为“民法所调整的社会关系的基本内容是一定的商品关系”。这是因为：首先，民法是市民社会的法律，是调整市民——社会普通成员之间交往的法律，市民社会是其存在的土壤，而商品经济仅仅是市民社会在经济上的表现形式而已。将民法与商品经济或市场经济看作是孪生姐妹，只是浅层次的联系，不在其背后探究市民社会，寻求民法与市民、市民社会在历史上的发展，则无法把握民法价值的根本所在。中国历史上同样出现过调整经济生活的民法规范，但当我们去研究中国传统法律文化时，却从来没有发现体现民法价值的精神存在其中。其原因非常简单，专制的旧中国无法发育出市民社会。民法既无立足之本，又如何去寻求其文化之所在呢？

其次，民法文化所体现的价值均以对人自身的关怀作为首要的和最终的取向。“人性的首要法则，是维护自身的生存，人性的首要关怀，是对于其自身所应有的关怀。”卢梭在法国大革命前夜的呼声也正是民法所要体现出来的信念，是民法文化的精髓。它体现着对自由的向往，对权利的执着，对自主自治的渴望。翻开任何一部民法典，都会看到它首先确认的是人的主体资格，是对人生存的确认，是对其作为权利人的确认。民法规定主体得拥有财产的所有权，得与他人依自由意志签订契约，得继承遗产、缔结婚姻，不都是为了使其成为一个享有充分权利,成为一个独立、自主、平等的人吗?民法不仅对人的生存资格予以确认,更以其对主体权利的充分肯认而使人的生活更加美好,超越于生理需求而赋予生存以更丰富的内涵,这已远远超出了商品经济自身所能提供的仅仅是物质上的资源。没有对人的终极关怀,没有对人自身的尊重,即使是一部名之曰"民法"的立法文件,恐怕也并非浸润着罗马法以来的那种以人为核心的人文精神的市民法典了。在现代人的观念几乎已被统统物质化的市场经济下,强调民法为人法、权利法,正是我们思考自身存在所需要的。

民法文化以法典化为其形式理性

谈及大陆法系,首先要谈及民法;谈及民法,必关注其法典化的表现形式。当然,称法典化为民法法系的标志似乎有些牵强,一些学者是不同意这种归纳的。不过,我们也不能忽略这样一个事实,自公元6世纪查士丁尼帝编纂《民法大全》始,直至《法国民法典》《德国民法典》《瑞士民法典》和本世纪各国的民事立法,均是以法典为民法的载体。即使我们不将此作为大陆法系和英美法系的差异,也颇值得我们去思索其中的奥妙。民法法典化倾向是自然法哲学影响的结果。如前所述,自然法的倡导者们崇信理性的力量,认为凭此即可发现一个理想的法律体系。他们力图系统地规划出各种各样的自然法的规则和原则,即与一切时代、与所有各族人民所共有的、不变的、普遍适用的规定,并将它们纳入一部法典中去。所以，正是自然法哲学掀起了强大的立法运动。参加法国大革命的理性主义的崇拜者们设想，只要从自然法学派思想家所建立的基本前提进行推理，人们就能够取得一种可以满足新社会和新政府所需要的法律制度。这种法律制度，必然是民法制度，而所制定的法典也必然是民法典，因为只有它才首先确认了所谓人的“自然”权利。所以，民法文化以法典化为其形式理性，成为在自然法哲学影响下的自然而然的事情。

民法通过法典表现出来，但并非任何一部民法典均能体现出这种文化性来。民法典不等于民法，正如人的头颅不能代替大脑一样。如果在法典中没有负荷价值，也只能是徒具其形。价值需要载体，法典需要精神，两者完美结合方能体现出民法文化由意念走入生活。因此，法典化仅仅是民法文化的形式理性，绝非其灵魂之所在。不尊重人的自由、平等的民法典不是民法精神的产物，而是其异化的畸形儿。

下　民法文化的演变

民法是随着人类经济、社会的发展而发展和完善的，民法文化同样也有一个漫长的演变历程，同样是历史的积淀。在这一过程中，各种因素都在发挥着作用。除了经济上的需要之外，还渗透着哲学、基督教教义以及相关学科的发展对其施加的影响。研究民法文化的发展史，自应从其源头——罗马法开始。

民法文化之滥觞

作为“商品生产者社会的第一个世界性法律”的罗马法适应当时简单商品经济的需要，已开始在一定范围内确认了主体间的平等与法律行为的自愿性，初露民法文化的端倪。现代民法之所以确认罗马法为其起源，绝不仅仅是因为其规范的适用性，更为重要的是体现于其中的权利观念，以及对人的尊重。当然，这里的“人”仅指罗马法中所确认的主体，在奴隶制的社会形态中，要确认奴隶为主体简直是不可思议的事。这并非罗马法的局限，而只能是人类历史发展的必然。

罗马市民法最初仅仅是作为罗马民族的法律出现，带有残酷、原始、追求程式化、僵硬等特征。随着社会经济的发展及罗马的对外扩张，与其他民族的交往日益频繁，市民法已无法适应时势之要求，统治者亦感到市民法的属人主义已大大阻碍了帝国的发展。通过将罗马市民权授予全帝国的臣民，市民法与万民法融为一体，罗马法得到了更新和发展，并走向完善。在罗马法的发展过程中，帝国前期的法律代表着整个罗马时代法律文化的精华。

罗马法适应当时发达奴隶制经济的要求，在简单商品生产的推动下，在一定程度上开始体现出对人的自由、平等和财产权的尊重，这里面也包含着自然法思想和基督教教义对它所施加的影响。尽管罗马法终究摆脱不了时代的烙印，但它的影响却远远超出了孕育它生长的社会，从而成为全人类的文化遗产，并成为我们研究民法制度和精神的起始点。

民法文化的形成与确立

民法文化的形成与确立经过了一个长期的历史过程，它自11世纪末罗马法复兴始，至《法国民法典》颁布止。随着封建社会在西欧的发展，基督教会开始在意识形态中占据支配地位。它垄断了西欧的文化教育，为封建社会蒙上了神赐的灵光。然而，历史的脚步却永恒地向前迈进。在中世纪晚期，资本主义经济在封建社会内部逐渐发展起来，并开始引起人们思想的变迁。自11世纪末开始，在意大利北部尤其是波伦亚大学进行了对罗马法的研究，并由单纯注释罗马法发展到力求把对罗马法的解释适应于当时社会发展的需要。

"罗马法研究的恢复是标志罗马日耳曼法系诞生的主要现象"，同时也是民法文化得以形成的标志，而另一个标志则是罗马法在欧洲各国的继承。各国均不同程度地接受了罗马法，并将其作为建立新的法律体系的基础。

其后兴起的古典自然法理论为民法文化准备了哲学基础，更是法国大革命直接的思想源泉。自1789年开始的法国大革命，摧毁了封建等级和特权制度，"以法律代替了专横跋扈，以平等代替了特权……革命把一切都复归于一个等级、一个法律、一个民族"。1804年在拿破仑主持下通过的《法国民法典》标志着大陆法系的形成，同时也是民法文化确立的象征。法国民法典不仅承袭了罗马法中的平等、自由的理念，而且在新的社会经济条件下和哲学思想影响下，将其又向前大大推进了一步。它在法典中以极其简洁明了的语言确立了契约自由、财产私有和权利平等的原则,从而成为民法文化得以确立的标志。

民法文化的发展

19世纪,当《法国民法典》开始被普遍推崇和效仿时,编纂法典的思想亦在德国发生影响。围绕着法典的制定,蒂博和萨维尼展开了激烈的论战,并最终以历史法学派的胜利而告终。这一论战的结果使许多德国学者把精力转向对法律史的研究,并建立了德国式的逻辑严密的"法律科学"。

经过数代德国民法学者的努力,《德国民法典》终于在1896年颁布。它与《法国民法典》相隔近一个世纪,当时资本主义虽然已开始向垄断过渡,但事实上法典仍忠实地反映了俾斯麦帝国的社会关系。虽然19世纪70年代和80年代,一种出于家长式集权国家的关怀思想的社会政策已经开始出现,它促成了劳工保护规定的颁布特别是社会保险的重要立法,然而当时这些社会思想倾向几乎还没有渗入民法。因此,这部法典具有鲜明的自由资本主义时期法律思想的烙印。不过,在许多方面,该法典仍给冷酷的个人主义添加了"几滴社会的润滑油"。

《德国民法典》延续了罗马法。《法国民法典》契约自由、权利平等、私权神圣的精神,部分地适应社会的发展而向前推进,已经开始由完全的个人主义向社会化演进,从而给民法文化注入了新的内容。

民法文化在20世纪受到的冲击

民法文化从19世纪向20世纪的过渡,是与自由主义放任经济管理到有计划或统制经济的现代福利国家的转折和个人主义的哲学思潮向社会本位的转变密切相关的。“过去大家主要注意的是交换的公平,而今天则分配的公平进居首位。结果是,过去强调的是个人间关系与私法,而今天强调的则是公法,为在革新的社会中建立新型的公平,则赋予政府和国家以首要的地位。”为了适应这一变化,各国民法典都进行了较大的修改,并通过颁行特别法和建立司法判例制度的方式使民法的传统理念得到了补充、发展及一定程度的修正。在这一过程中,表现最明显的是1907年的《瑞士民法典》,它在第2条即确立了诚实信用原则,以此来适应变化剧烈的社会经济生活。1947年日本修订民法时,亦将诚信原则追加到第1条第2款中。

在20世纪,民法传统理念有的得到修正,有的受到限制,有的获得发展。至于对这种变化如何评价,笔者认为民法文化的发育更为成熟了,它摆脱了早期理想主义的特征,更贴近社会生活并反映了社会生活的要求。民法在尊重个人权利的基础上更注重谋求整个社会整体民众的共同进步与幸福。

中国的民法文化模式

在中国近代史上,西方的诸多文明传播进来时,往往会因中国生存环境的恶劣而不得不改头换面。与其相比较,20世纪末的中国毕竟与世界联系甚广,对西方文明的摄入也由被动转为主动,“洋为中用”成为我们发展的方针。因此,民法文化引进中国似乎多了一些有利因素,更重要的是中国的市场经济模式使民法有了一个运作的环境;尽管文化的形成仍需一个较长的过程,但却是必然的结果。从民法文化的历史与现实的结合研讨,笔者认为中国的民法文化应体现出以下特点来:

第一,坚持民法为权利法的本色。民法与公法的区别即在于民法运作于市民社会,以维护市民交往的自由和权利不受侵犯为其功能。民法是权利法,其主要内容和精神就是确认民事权利并运用救济手段保护权利。

第二,个人本位与社会本位的结合,即私权与公益的统一。人类文明的发展要求实现个人之间的平等,然而现实中却时时存在着拥有财产数量的差别,平等的观念正由形式上的平等即机会平等向实质性平等即分配的平等转化。这一点在社会主义国家和资本主义国家均得到体现,尽管其程度和性质无法同日而语。与此相适应,民法文化以个人利益与公共利益的统一为特征,实际上是个人权利得到尊重的过程。

第三,仍以意思自治为原则,但应加以限制。可以说,意思自治原则是民法作为权利法最充分的体现。不过,在发达的市场体制中,意思自治的流弊已经暴露,追求绝对的自由将导致当事人利益的损害,处于弱者的一方往往会在自治的表面下承受着被迫的痛苦。因此,对意思自治加以限制已成为挽救意思自治原则,并使民法适应时代要求的必要手段。

第四,身份平等的适用范围和强度仍需扩展。在民法的诸观念中,平等原则是发育最缓慢、最不充分的一个。这一问题在缺乏民法传统、漠视个人存在的旧中国更为严重。新中国成立后,在国家、集体、个人三者中,对个人权利的保护不如前两者有力;企业间的权利因所有制不同而差别甚大,无法实现真正的竞争;对一些单位分配、就业中的男女不平等现象也缺乏法律制裁手段。在中国,身份平等的观念也亟须加强。

江平　苏号朋

原载《天津社会科学》1996 年第 2 期

公权不能任意侵犯私权*

私权可以从广义和狭义两个角度来理解,狭义上的私权就是指民事权利,包含两大部分:一是传统上的财产权(财产所有权、知识产权、债权、投资者的权利等);二是人身权(隐私权、肖像权、名誉权等)。

广义的私权指人权即法律赋予每个人的权利,包含政治权利、社会权利和民事权利。政治权利包括选举权、被选举权、言论自由、结社自由、新闻出版自由等权利;社会权利包括接受教育的权利、社会保障权利等,现在越来越重要;民事权利如上所述。

过去,民事权利还是以财产权为主,如果一个人没有自己的财产权利,在社会上就没有生存空间,也就谈不上什么人格权、身份权。但是,现在有所变化,人们越来越觉得人身权重要,甚至把人身权看得比财产权更重要。

我个人认为财产权是最根本的,尽管人格权很重要。一个人在社会上之所以能够立足,就是因为有财产权利的保

---

* 题目为编者所加。

障;如果一个人的财产权没有了,就等于其民事权利的能力被剥夺,这是很可怕的现象。

1986 年的《民法通则》以财产权为主,但也是第一次将人身权写进去,包括姓名权、肖像权、名誉权、荣誉权等这样一些权利。

西方有评论家称,中国的《民法通则》是民事权利的宣言,156 条条文将中国公民所享有的民事权利罗列出来,并规定了权利的内容。这是一个很好的开端,因为之前没有对民事权利做详细规定,正是从《民法通则》开始,我们对民事权利有了比较明确的认识。

如果说 1986 年的《民法通则》是中国社会重视民事权利的开始,《物权法》的通过则标志着中国公民社会权利意识的增长。1986 年只是在法律中明确了有哪些财产权,实际是四大财产权:一是物权,诸如房屋、对自己财产享有的权利;第二是债权,即交换的权利;第三是股权——投资者的权利;第四是知识产权,即智力成果的权利。其中包括两个传统财产权,物权和债权,现代产权有股权和知识产权。为什么说《物权法》是民事权利意识增长的标志?因为在《物权法》讨论过程中,人们开始意识到自己享有权利的重要性。尤其在拆迁过程中,人们保护产权的意识高涨,从来没有这么一个权利复兴的年代,权利意识越来越自觉。如果说 1986 年还是自在的意识,到了《物权法》则是自觉,很多人开始为自己的权利而抗争。

私权研究到最后必然涉及与公权力的冲突。对私权的侵犯主要有两个来源。一个私权受到另外一个私权的侵犯，这个比较好解决，违反合同、侵犯财产权利，去法院就可以解决。但是，受到公权力的侵犯就很麻烦，政府如果拆我的房子怎么办？遇到这种情况就必然要研究国家体制、国家权力在其中的作用。私权的研究最后必然会涉及公权力的问题。

我最早主持的行政法立法研究小组所起草的《行政诉讼法》就是为了规范公权力，保障私权。实际上是解决两个问题：第一，行政权力行使的规律，怎么能够让行政权力不走极端，如何限制公权力过分强大，需要有制约和监督；第二，保证私权不受公权力侵犯，《行政许可法》《行政强制法》以及行政复议制度都是为了保障私权。

公权与私权是非常明确的，公权就是国家的权利，强制的权利；私权就是私人所有的权利，自治的权利，国家不能强制你做什么东西。涉及公共利益，私权就必须服从；同时，私权不能够侵犯别人的私权利。不涉及公共利益、也没有侵犯别人权利的情况下，私权就是神圣的。

西方国家对私人住宅的维护是很严格的。英国人的房子国王不能进，而在美国，假如有人私自闯入你的花园，可以开枪。这个理念存在，就是你不能够随便侵犯我，因为我没有侵犯公共利益，也没有侵犯别人的利益。

公权力的界限就复杂一些，各国都有公权力行使的原则。比如相互制约，立法权、司法权、行政权要分开，不能一切都归专制的国王享有；比如公权力的行使要有透明度；比如做出什么决定要有程序。总之，公权力的行使要有限制，不是任意行使的。现在越来越趋向有限政府,公权力从无限变成有限,要通过法制来制约。我们也在走这个过程,就是怎么使公权力受到制约。

《物权法》对公共利益很难用列举的方式来规定,比如小区里的商场涉及的到底是商业行为还是公共利益?如果在北京六环之外,一个小区没有商场就很不方便,在这样一个地方盖商场当然是公共利益,如果在闹市区盖商场那可能就是商业行为。这东西是很难定的。

如果是商业行为怎么办?在西方国家,只要是商业行为就完全是民事关系,由需要土地的人和土地所有权人商量,国家不干预,商量妥当就进行交易,不成就没法交易、所以西方国家征地是很难的,如果不是基于公共利益就不能够征用。

那么,补偿按什么标准?补偿标准不合适,老百姓可能自焚。现在老百姓更多是基于利益,并不在乎这个房子,补偿高一点就搬了,所以这个问题也是复杂。要由评估机构按市场价格评估,对市场评估不服,可以有救济程序。

拆迁的问题实际上涉及以什么理由、怎么补偿、先补偿后搬迁还是先搬后补偿等许多复杂的问题,只有法律公平合理,才能使老百姓感到满意。

谁来决定到底属不属于公共利益?这就涉及程序问题,可以通过法律规定的程序来完成,比如人民代表大会。我们当初要修建三峡水电站,要搬迁这么多人,最后全国人民代表大会讨论通过。比如一个城市要拆迁某一个地区,如果通过人民代表大会讨论并做出一个决定,也算是程序。公共利益不能够由个人私自决定,也不能够完全由政府决定,这就涉及民意机构,我们国家现在最好的民意机构就是人民代表大会常务委员会。界定公共利益很复杂,比如建焚烧垃圾场肯定是公共利益,但到底建在哪儿就麻烦了,放在某一地方当地居民可能反对,放在很远的地方政府财政又可能不支持。你可以说它是公共利益,但不见得人人都愿意接受,这就要有协调。

普通民众如何来参与公共利益的界定?主要就是听证会。凡是涉及公共利益的问题比如涨价、建焚烧垃圾厂等,都会召开听证会。但听证会也存在问题,政府可以找几个拥护政府决策的人,每次都举手赞成,就可以保证通过。

任何一个办法都不可能十全十美,但有程序规定终究比没有程序规定好得多。公权力往往是程序法的问题,我们曾经要建行政程序法,用来解决行政权力如何行使的问题,但到现在还没立法。

私权需要公权力保护,实际上主要是指法院,因为法院是保护私权利主要的机构。严格来说,公权力只要不去侵犯私权利就可以了,私权利如果需要保护,通过司法机构提起诉讼来保护就好。

在这个问题上,公权力不作为是最重要的,公权力只要不去侵犯私权利,就已经做到了它最应该做的。在这个问题上,我们和西方理念不一样。比如食品药品安全问题,在我国如果造成民众死亡或者遭受损失,我们的政府机构往往花很大力量来介入,会下令查出源头并解决问题。在药品和食品这两个涉及人身健康的问题上,美国有一个产品责任法,一般只是通过民事责任来解决问题,个人自己去调查,之后向法院提起诉讼,如果告赢了,会得到一大笔赔偿。在我国我们叫产品质量管理法,行政权力介入进来。

这就说明我们的政府太大了,管的事情也太多了,通过任何一个法律都要有一套执法机构。美国政府很小,只有一个食品和药品管理局,因为这涉及人民健康。至于其他东西,老百姓的利益如果受到侵犯,你自己去法院起诉。

我们国家很大的问题就是政府机构太庞大,从中央到地方这种所谓的保护公民权利的机构比比皆是,那就要养活非常大的一个政府,这是很可怕的现象。

法院的职责就是保护公民的权利,公民权利受到侵犯理应由它保护。设置法院是国家很重要的一个职能,就是保护公民的权利。只有法院才是保障公民权利的最后一道关口,如果法院都放弃,就等于不给公民以权利保障了。

律师某种意义上来说,就是一个维权的角色,所有的律师都不是给自己来办事,都是受了委托人的委托来办事,不论刑事案件还是民事案件。法律是专门的学问,一般的老百姓光从法律条文很难读懂法律的含义,就需要律师来维权。刑事案件中即使是黑社会的人也要维护其权利,因为一旦作为被告,他就是弱势,就处于不利的地位。

现在的律师地位有时也比较尴尬,根本就在于我们的公权力和私权利之间的冲突还很严重,这种情况下,只要为一方辩护,就必然会得罪公权力,无论是刑事案件还是民事案件都是这样。更何况中国现在刑讯逼供现象仍然严重,这种情况下要是能够为辩护人辩护,保护其利益,就必须要推翻刑讯逼供下的口供,必然要跟公安局发生正面冲突,等于把公安局人员的饭碗给砸了,且等于将公检法办理案件的一些潜规则破坏了。所以必然要和公权力发生冲突。

凡是涉及和公权力发生冲突的时候,律师就处于一个很尴尬的地位。如果不去努力辩护,就没有尽到应尽的责任;如果尽到了责任,努力为被代理人的利益来说话,就必然要得罪公权力。

市场经济和法制当然有很密切的关系。五年前,有一个会议,涉及法律和市场的关系。吴敬琏教授在开幕式上曾说,作为经济学家,在改革开放初期,他有一个天真的幻想,只要搞市场经济,一切问题就都可顺利解决;后来发现市场经济也有好有坏,并不是有了市场经济就一切都解决了。他的言下之意就是必须要有法制,没有法制的市场经济就是混乱的经济,仍然是原始积累下没有规则的市场经济。在闭幕会上我也回应了一段话,我说,我们搞法律的人,以前也有个天真的幻想,认为中国只要有法律,就一切都好办;可是到今天,我们的法律比较完善了,我们还是不好,为什么呢?因为法律也有好也有坏,西方有善法和恶法之分。

我们的一个共同点就是法制。制度有好有坏,但法律理念非常重要。市场要有规则,还要一些精神理念来维持法律制度、维持规则，这些基本的理念就是人权、民主、自由。

市场经济应该有不同利益的存在，多元化的利益是市场经济的一个前提条件。如果只有一个国家利益、单位利益，就不可能有真正的市场。市场必须有私营企业，必须有私营的资产、资本，必须有私人的财产，必须有私人的权利，这时才有市场配置。

现在我们的市场面临的很大的危险就是国家干预还是多。国际金融危机之后，我们认为中国模式就是国家干预模式，我们还在过分强调国家干预。前两天《法制日报》报道称，浙江国有资本全面进军农贸市场，我吓了一大跳，浙江原来是市场经济、私营经济最发达的地方，现在国有资本全面进军农贸市场，这不等于扩大了国有资本占有的领域吗？过去只限于国防、国计民生重要命脉，后来逐渐扩大到十大领域，现在又要进军农贸市场，这不是倒退吗。

市场秩序方面，国家应该有更多的干预；但涉及市场自由，国家应该避免干预，允许市场自治。现在我们是倒过来了，在市场自由、市场准入、资源分配方面，国家干预越来越多；而在市场秩序方面，却管得很少。

私权意识的培养是一个很复杂的过程，中国历史上缺乏私权传统，现在我们要培养、要呐喊、要呼吁建立私权意识，怎么办？一方面要通过不断的诉讼，如果每次诉讼私权获得胜利，公权力得到削弱，人们逐渐就培养起了这种意识。过去有普法，但普法更多强调义务和守法意识，现在逐渐加强了对权利意识的培养，这些都是潜移默化的影响。很难设想,中国在几年之内,或者突然之间培养起像西方那样的私权意识。而私权的发展肯定也有曲折的过程。可能今天私权斗争胜利了,明天又会倒退,这都是免不了的。

重庆钉子户比较复杂,首先政府滥用公权力,断水断电断交通,这显然是错误的,严重侵犯了公民权利;其次补偿不合理。

这里私权滥用也有。起码有一条,谁来确定公共利益?不能以吴萍个人的说法作为标准,吴萍认为房子拆后盖的是商业大楼,不是公共利益,我认为这不能够作为依据;另外,她也不执行法院判决,是滥用权利。

以法律作为界限。法律不完善,情况就比较麻烦。过去的法律很笼统,越笼统就越容易出现问题。

我向来反对民意决定判决,这是民粹主义思想。我们现在在审判工作中,应该听取民意,绝对不能够采取民粹主义。云南李昌奎案多少说明了这个问题,死刑和死缓是由法院决定的,如果认为他确实具有从轻情节,完全可以判死缓。但现在民意反应很大,所以最高法院要求重审。这个问题我没有把它看得很大,但我觉得这个先例要是开了,是不是很危险?那就只要民意说该杀就杀,那太可怕了。

现在有些法院判案过程中,提出"一切让人民满意为主"。这种提法是错误的,这里的人民指哪些?全国13亿人口都统一意见?这是完全不科学的提法,人民利益也有不一样的啊。深圳市中院原来有一个法官说,我不可能让老百姓都满意,结果被免职。他说的才是实话,肯定不能让原告和被告都满意。

我本身研究私权，之所以用“呐喊”，是因为现在私权仍然没有得到社会充分的尊重，所以还需要极力为私权呐喊。

呐喊的目的无非是使社会对私权更加尊重，中国向来是一个不重视私权的国家，私权从来没有像西方那样得到应有的尊重。不经过呐喊，不经过很大努力，很难达到私权神圣的社会。

理想中的尊重私权的国度是真正做到法律上所规定的私人权利，国家退居幕后，我看就可以了。现在我们国家管得太多，在市场自由方面因为涉及自身利益，资源配备也好，市场准入也好，必然涉及国家利益，利益太大了，国家摆不脱这些利益，就变成与民争利，本来可以由老百姓解决的问题，现在国家介入了。而真正涉及市场秩序的问题，国家却很少关心，这是很突出的问题。

人权与发展一样，也是硬道理。

为什么说人权是硬道理？人权就是人的权利，只要给了人的权利就是好，给人的权利越多就越好，越少就越差。不能说我是社会主义人权，就比资本主义人权高。没有所谓社会主义和资本主义之区别，只有多和少的区别，就像发展一样，只有快和慢的区别。

原载2011年凤凰网、人民网“百年转型”论谈

国企最危险的是变成私人金库*

很高兴参加咱们的论坛，我主要谈一下国有企业风险管理的问题，因为国有企业风险管理涉及很多方面，我主要谈一谈从我们现在国有企业所揭露出来的问题——腐败现象来看我们的风险管理。从大型国有企业腐败情况来看，国有企业最危险的就是某些国有企业实际上变成了国有企业管理人的私人金库。他可以从国有企业财产里随便支配，这是非常大的危险。如果国有企业变成了私人的金库，那么国有企业、国有财产的流失情况可以想见。那么怎么来解决？三中全会决议当然提供了重要的方向，那就是混合所有制。但是现在看起来混合所有制的反响也很不一样，在民营企业界里面的反响并不太好，所以如何能够使得混合所有制能够正确贯彻实施，这个是现在我们需要很好来研究的。如果我们能够解决好在国有企业尤其是上市公司的国有企业股权结构

---

* 由华夏时报主办的2014(第五届)中国上市公司风险管理高峰论坛于2014年7月19日在北京大学博雅酒店召开，此次论坛主题为“颠覆时代的大风险思维”。本文为作者在2014年“上市公司风险管理高峰论坛”上的发言。

的问题,如果能够处理得好,这可能是解决国有企业上市公司风险管理重要的一环。我认为混合所有制必须具备四个条件才能搞好:

第一,搞混合所有制,民营企业进入国有企业持有股份,必须是基于自愿原则,绝对不能够强迫命令,这是最基本的法则。因为市场经济很重要的原则就是自愿原则,你不是自愿的,你是强迫的,那算什么。如果我们回想起过去山西的民营煤矿,都把它关了,然后把民营煤矿都合并到国有煤矿里面入股,那实际上是一个剥夺民营企业的财产权的措施。这是很可怕的。因为本来民营企业在自己企业里有完全的自主权、决策权,一进入到国有企业里,只占了很小的比例,按这样的情况是丧失了所有的权利。所以民营企业进入国有企业成为混合所有制,必须是他自愿;如果是基于强迫命令的,那根本不可能发生或者能够产生混合所有制的积极作用。

第二,我觉得很重要的是民营企业在国有企业成为混合所有制以后,它的比例如何安排。这就包括一个设计的问题。我们现在国有企业里面,据我所知,也有很多是民营企业入股。但是这样的一些民营企业入股,实际上是陪衬的作用、点缀的作用,没有起到它真正作为民营企业入股在机制方面的发挥彼此的优势的作用。如果民营企业进入了国有企业成为混合所有制,我觉得它的比例也不能太少。总不能搞一个 1% 、2% 的混合所有制,因为 1% 、2% 没有起到实质意义上的参股的作用。能够做到 10% 甚至 20% 左右,应该说可以起到了民营企业在管理作用中的补充作用。在国有企业管理之中的补充作用,这点很重要。国有企业有国有企业的优势,民营企业有民营企业的优势,如何能够把国有企业的与适合民营企业的优势结合起来,这是一个很重要的关键。如果能够把民营企业里面经营的灵活性——它在管理机制方面灵活的东西表现出来,应该说这是一个很好的现象。所以它应该是有一个比较合适的比例参股,这才能起到混合所有制的作用。

第三,我觉得非常重要的是,民营企业入股,作为混合所有制的股东,必须保障它的合法权益。这个合法权益就是两个,一个是经营管理的权利,一个是分红的权利。经营管理的权利,真正要是作为一定的比例,当然可以参与经营管理,并担任一定的职务。我觉得现在更重要的是分红的权利。我们知道国有企业过去是向来不讲分红的,因为对国有企业来说,分红也不是分给我,分红是分给国资委,你要是分红分给国资委我有什么积极性,我愿意把所有的积累都不分红,用于继续开发建设,所以国有企业在分红方面是没有任何积极性的。而民营企业它就不一样了,它在国有企业里面入股,当然要分红。我曾经在北京国安上市公司担任独立董事,每次开董事会的时候,民营企业家都喊着要分红,国有企业当然占绝对大股,占着绝对大股的国有企业是不赞成分红的,而且也不分红,长期以来都不分红。所以这种情况下,民营企业入股就没有积极性了。要让民营企业来入股,必须要保障对它的分红的权利。国家对国有企业分红有一定规定,分几类上交给国资委。从现在的情况来看,我们的分红机制已经比过去完善了一步,但是仅仅按大类来分,上交分红的比例,这个东西还不很科学。我们还必须按照一个企业一个企业具体的情况,把分红的分配机制完善化,这是我们完善混合所有制非常重要的一个步骤,万万不能忽略。

第四,混合所有制应该从更大的角度来看,就是混合所有制不仅仅指的是国有企业资本、国家资本和民营资本的混合,应该再加上职工持股的混合。三中全会也提到了这个问题,讲到国有企业的改革的机制要实行职工持股。职工持股嚷嚷了很多年,据我的记忆可能在二十多年前甚至三十年前我们就已经提出了职工持股的一种建议。职工持股世界上是很普遍的现象,但是成功的有,并不是很多。所以如何搞好职工持股,也需要来进一步研究。我觉得在上市公司方面,职工持股应该是职工直接持股,不需要再通过任何间接机构——职工持股的机构来代替职工持股。因为在上市公司,职工再多也可以作为职工直接持股,而且职工持股之后也不需要加什么限制,他愿意再转让也可以。这样的话,我们通过职工持股的一定比例,又可以促进国有企业机制的完善。最重要的是通过这样的一些方式,可以监督、制约我们过去国有企业的董事长、总经理无限制、非常扩大的权力。这些权力如果不加以制约,将来腐败还仍然会继续。所以我觉得实现这上面四个目标,对于我们完善混合所有制的改制目标,能够很有帮助。

这四个原则:第一,是真正贯彻自愿的原则;第二,要让民营企业拥有一定比例;第三,要让民营企业拥有合法的分配权益,利益分配权;第四,必须完善职工持股制。这样的话,我相信我们的混合所有制可以更加顺利地进行,谢谢大家!

第二编　法学教育

新和旧:政法大学的老教授们

翻开手边的这本陈夏红的新著《风骨》,映入眼帘的都是我所知道的人物,有的还能清晰的辨认他们的相貌、音容、举止,有的连他们的相貌都记不清了。

现在年轻的法学工作者称呼我们年老的学者为“老”,新和老的关系只体现了年龄的差距,老可能还跟尊敬有关。但我们年轻的时候,正值新中国成立之际,我们被称为“新”,而年老的学者被称为“旧”,新和旧的关系所体现的是时代的不同;新代表的是新中国,旧代表的是旧中国。在人文社会科学领域,“旧法”尤其带有歧视性质,旧法学者在新中国根本登不上讲台。记得我们当初出国到苏联学习法律时,一条禁令就是不许带旧法书籍——我们学的是“革命”的法律,与旧法完全无关。学完苏联的法律后才恍然大悟,苏联的民法与民国时期的民法都源自于法国民法。我们也曾以“新”骄傲自居,轻视那些“不能上讲台”的旧法教授。我们读完这本书后可以看到,哪一位民国时期的法学教授不是清华、北大等著名院校毕业,又在美、英、法、日等国家留学多年,获得博士学位,又有丰富教学和社会实践的精英人才!

法律的继受性在今天不是什么问题了,但在1957年反右时,这是一条界限,它是打成右派的一个标准。说法律有继受性就是认为旧法有继受性,而我们建国时期明讲了"废除六法全书",体现在讲"继受性",那不是"为六法招魂"吗?其实,法律是理念、是制度、是方法,也是一种文化,这四者不可或缺。我们废除的六法,仅仅是指制度上的六法,而且制度上的六法也不可能全废除,婚姻、家庭、契约、财产能全废除吗?至于法律作为一种理念,作为一种方法,尤其作为一种文化,它的继受性就更显而易见的了。

知识分子很大一个特点就是学有专长,学有所用,很在意他的专长能否有用,所以"弃"和"用"代表了知识分子的价值能否被社会所承认。以我本人的经历而言,27岁被"弃",49岁被"用",22年期间自己的专业所长没有得到发挥。简扼来说,可以说"三十而弃","五十而用",这被弃的滋味是刻骨铭心的。陈夏红书中所提到的十位旧时代的政治学人也都遭到"弃",都有着遭到旧法的"弃",也有几位更遭到我那种反右时期的"弃"。他们有些是"四十而弃",有些是"五十而弃"。我不知道"五十而用"比起"五十而弃"哪一个心情更忧郁?但可以肯定二者都受到了心中的创伤!旧法的创伤和反右的创伤在这十位旧时代政治学者的人生旅程中是明显可见的。现在的读者已经不可能再见到这两种创伤,但让读者重新回忆一下一百年前民国初建时期那些以政治法律为专业的知识分子,力图以法振兴国家所走过的曲折道路，是很有好处的。

我在主编《20 世纪著名法律学者》这本书的时候说过，20 世纪有一本是中华人民共和国，有一本是中华民国或更早。民国时期的法律人才总数虽然不多，但精英却不少。把这些埋没的精英传记整理出来，那就是很大的贡献。陈夏红就是开拓这片处女地的先锋。我希望他挖掘北京政法学院的十位老教授的传记后，能再去挖掘更多民国时期的法律学者贡献给读者。

是为序。

2015 年 1 月 9 日

大学当独立

今天我们纪念法大成立60周年。一个甲子对于一个人来说,是一个步入了老年的象征。一个人不可能生活两个甲子,但是对一个学校来说就不一样了:意大利的博洛尼亚大学有800(实为900——编者注)多年的历史,美国的哈佛大学也有将近400年的历史,中国现在有一些学校正在准备庆祝两个甲子,所以我们学校应该说还是比较年轻的。

我们是在新中国成立之后,按照前苏联的教育体制,经历了院系改革而成立的北京政法学院。应该说,先天已经有一些不足,所以庆祝校庆是完全必要的。但是怎么样庆祝呢?我们历来都是歌颂成绩,吹嘘一番。

我觉得,纪念校庆应该更多地来反思自己的不足,来寻求未来发展的方向。中国有一句古话,叫“知耻而后勇”,就是这个道理;只有我们知道了自己的不足,找到了未来发展的方向,我们才有前进的方向和动力。

中国政法大学是以“依法治国”“法治天下”作为自己的历史使命,而实现这个目标,应该说人才是最关键的;而在培养人才中,培养具有现代法治观念的人才,更具有重大的意义。

在这个意义上,我们可以说,中国政法大学的老师坚守自己的岗位,我们培养出来了许多为国家法治做出贡献的人才;我们可以说,无愧于历史,我们做到了自己对国家应该尽到的责任。

我是1956年进入北京政法学院的。60年的校庆中,我有56年是在这个学院。60年的校史,应该说是由三个部分来组成的:前14年是创业,后来中间的13年是停止招生和解散,后33年是复办、走入正轨。

一所大学应该说所要求的物质基础现在正在完备,我们的新校和老校也都初具了一些规模,但是一所大学应当具有的精神基础,我们还很欠缺:我们自己的校风还没有形成,我们自己的办学理念也没有成型,我们自己的传统精神更有待于完善。

物质基础可以在十几年、几十年内来完成,但是一个学校的精神、文化,则需要上百年甚至几百年才能形成,没有这种时间的沉淀和检验,是不可能形成的。

大学应当是独立的,自由的,就是人格的独立和学术上的自由。这是大学的灵魂所在。没有它,大学就没有灵魂;大学是学术机构,应当去行政化。

我们今天应当认真来思考这个问题:究竟在现在的情况下,实行校长负责制还是党委领导下的校长负责制。这是应该允许来公开讨论和探讨的。

学校应当有自主权。现在我们正在进行事业单位的改革,改革的核心就是自主权。只有大学真正实现了去行政化,才能够迈向真正的大学的人格独立。

大学是学术机构,学术应当自由,自由必须有包容精神。现代学术的包容精神比以前要宽容得多了,但是在学术研究的课题上,仍然存在包办过多、包容不足的现象,这也是需要我们来逐步完善的。只有打破了学术禁区,才能够实现学术自由,也只有打破学术垄断,才能够实现学术自由。

我认为,人格独立和学术自由,这就是我们走向第二个甲子所奋斗的目标。我祝愿中国政法大学在未来的一个甲子里面取得更大的成绩。

谢谢大家。

本文为2012年在中国政法大学60周年校庆大会上的讲话

终生不悔
——四十年执教有感

1956 年，我跨进了我校前身——北京政法学院的大门。今天，我执教生涯整整四十年了。

四十年中却有一半以上的时间不是从事我所学的法学专业，而当我再度走上法学讲坛时，已是年近半百。近年来常与国外学者接触，四十多岁的教授，已是著作满案，无端的政治运动，误我黄金学术年华。缺乏扎实深厚的学术功底，是教师的最大不足。自己看的书还不如青年学子读的多，又何以教人，何以指导他人。四十年执教之最大遗憾，莫过于此。

我记得读过的一篇文章写道：在学校读书的时候，战战兢兢，觉得自己什么都不懂；在大学毕业的时候，踌躇满志，觉得自己什么都懂了；在快要退出历史舞台时，饱经风霜，却又觉得自己什么都不懂了。这种人生心态当然说得绝对了一些，但不失为一种轨迹。我起先总不明白为什么古人教训我们的美德"礼义廉耻"中有这么一个"耻"字，耻算什么美德！后来才懂得耻者，不足也，知耻而后勇。美德中不写

“勇”而写“耻”，大概是因为勇可以是匹夫之勇，而知耻之勇才是最大的勇。人的动力正在于此，不忘国耻者，才能拼搏报效祖国；不忘己耻者，才能拼搏完善自我，执教更是如此。执教有如人生，总离不开追求真、善、美。

真，就是真理。追求真理，只服从真理，只向真理低头！真理是没有阶级性的，不能说无产阶级必然掌握真理。下级可以服从上级，但并不能说真理必然掌握在上级手中，少数服从多数也不等于真理必然是在多数人一边。真理不能盲从，只有经过比较、分析、思考、辨别的过程，才能更接近真理，一种声音、一种思维是得不出真理的。真是真情，纯真之情，不加虚伪，不加矫揉造作。文字能表达真情，语言更能表达真情。一篇文章可能比一堂课更精练，更富于真理，但学生听一堂课成效可能要比看一篇文章更有收获，原因就在于教师是以情感在讲授；若如播音员般宣读，又何异于作文章呢！教师之讲课犹为真热情之迸发，内心宣泄，传之以真理，感之以真情！

善，是完善。一堂课犹为一件艺术作品，艺术作品是要精雕细刻的，力求无一败笔、无一赘笔；一堂课也要力求不要讲套话、废话、多余的话！教师犹如艺术家一样，每堂课、每件艺术作品都维系着社会对他自身的评价。工人制造的伪劣产品影响的是商标、产品的信誉，而教师制造的伪劣产品影响的是他自己的信誉。善就是风格，文章要有自己的风格，讲课也有自己的风格，没有风格就是千篇一律，就是等同他人，就是“嚼别人嚼过的馍”。而嚼别人嚼过的馍是不香的！

美，是师德。师德之最主要的是热爱自己的教师职业，可现今以在高校做教师为第一志愿者太少了。我的博士生中有来自台湾的。一天我的博士生各自谈自己毕业后的志愿，不少大陆的博士生以毕业后从事政府机关、公司工作为目的，而台湾的博士生却多以能在大学任教为第一志愿。事实上一个正要毕业的台湾博士生也已经努力在东海大学谋得了一个教席，只有热爱自己职业的人才会真正拥有自己职业的道德。

只有以教师为光荣的人才会倾注其心血于育人。美，也是气。大学是最高学府，我在美国哈佛大学、哥伦比亚大学等一些号称常青藤大学里看到的校园文化气质，学生的文明气质，尤其是教授的优美气质，确实是一般市民阶层、商人阶层所不可比拟的。只有教师高度文明才能带来学生的文明、校园的文明，大学教授应是文明的表率、知识的化身，有他应当具有的气质与风度！

四十年的执教，行将画上句号，当然经历了风风雨雨、磨磨难难，但对于我所选择的道路，此生不悔！如果让我来世重新选择职业的话，我仍将以做一个大学教授为第一目标。

原载《中国政法大学校报》1996 年 5 月 20 日

七十回首*

人生七十，该是总结自己一生的时候了：

七十年，总有最刻骨铭心的时刻。至今回想起来，我最刻骨铭心的时刻就是被划为右派的那一时刻，从“人民的阵营”被划入“敌人的阵营”的那一时刻。有时梦中还在杂乱地回放着那惊心动魄的情景，醒来仍心有余悸。

记得当时全校还为我被划为右派在大视觉进行公开讨论，以便使那些“糊涂”的人“清醒”过来，讨论的主题就是我为什么会成为右派。因为当时被划为右派的大抵都可以找到“原因”，或是因为历史上原因，或是因为阶级出身原因，或是因为个人主义原因，或是因为伸手要公原因，而我被国家派到苏联留学五年刚刚回国，找不到上面的原因，于是就挖我的受教育的背景。因为我在一个教会高中毕业，毕业后又考入美国人办的燕京大学，于是，找到了我成为右派的原因，即“资产阶级民主自由思想”。有一大批具有一些民主自由思想的人、追求民主自由思想的知识分子就被划为了

* 本篇为《江平文集》自序。

“敌人”！

对于这个结论，我既可以认可，又难以认可。

可以认可的是，我在高中参加当时的学生运动、反对当时的专制腐败政权时，就是为了“反内战，反饥饿”“争民主，争自由”。我之所以要报考燕京大学新闻系，就是想用报纸来实现国家的民主化、自由化，使之成为真正的民之喉舌。我之所以辍学参加革命工作就是为了建立一个民主、自由、富强的新中国。

为什么民主、自由思想就不好，就必须戴上“资产阶级”的帽子？社会主义要不要民主、自由，社会主义又需要什么样的民主、自由？对于我这样一个在社会主义国家榜样的苏联生活学习了五年的青年人总会有这样的问题要去思考的。赫鲁晓夫的“秘密报告”给了我某种答案。其实，“秘密报告”后来一点也不秘密，连中国学生也都可以去听。“秘密报告”揭露的是与“公开报道”截然相反的事实：专制、个人独裁、暗杀、集中营。在我去那里学习的四十年后，这个制度垮台了，究竟垮台的原因是什么呢？是“修正主义”上台？是帝国主义“和平演变”？我看都不是，倒是身历这一制度现今仍为社会主义理想奋斗的俄罗斯共产党中央书记久加诺夫说得好，他说：“苏联共产党垮台的真正原因是它的三垄断制度，就是共产党员以为自己想的说的都是对的——垄断真理的意识形态制度；以为自己的权力是神圣至上的——垄断权力的政治法律制度；以为自己有不能说却可以尽管做的特权福祉——垄断利益的封建特权制度。”这三垄断——

垄断意识形态、垄断政治权力、垄断特权利益，就是十足的专制，就是缺少真正的民主、自由机制。斯大林统治下，不是也把那些稍有主张民主自由的人，对专制独裁稍有不满的人，都置上一顶“资产阶级”的帽子？称为反对派，也有时称为右派。那时只不过处理的方法比我们更干脆，不像毛泽东那样还把他们当作“反面教员”，而是枪毙了之，不留后患。

我们政治生活和政治制度中的一些现象表明我们还没有从苏联垮台和反右派运动中得出更深层次的结论和教训！法律并不是我人生自愿的职业选择，它枯燥无味，不像新闻那样自由奔放。但既然是国家派我去学的，当然是抱着崇高的使命感去学的。逐渐地，懂得了法律与新闻一样，都有着民主与自由的深刻内涵。如果说“法制”并不足以包含民主，正像我们把民主与法制相提并论那样，那么“法制”就必须以民主为基础、以民主为前提。我在苏联学习时，法律制度确实也比较完善，但谁也不想称斯大林时代的苏联是一个“法治国家”。

学法律的人需要埋头于法律条文的诠释和学理的探索，但离开了民主、自由、人权这样的基本目标，法律就会苍白无力，甚至可以成为压迫人民的工具。因此，建立现代法治国家就和建立现代工业化国家、现代知识经济国家同等重要。

我不是一个真正意义上的法学家，因为我没有认真读过多少法学名著，也没有写出什么像样的法学专著。

我是一个法学教育家，我以学校为舞台，努力培育一代具有现代法治观念的，具有民主、自由开放思想的法律工作者、法律家、法学家。

我是一个法律活动家，我以社会为舞台，在立法、司法、政府部门、企业等诸多领域为建立现代法治国家助推了一把力。

上天总算是“公平”的。1957 年以后，给了我整整二十二年的逆境，又给了我整整二十二年的顺境。逆境给了我磨难和考验，使我更能以平常心看待一切，我喜爱的一句格言就是“生于忧患，死于安乐”，国家民族如此，个人也如此。逆境给了我沉思与回顾，使我更能以正常心看待一切，已经没有什么可迷信的了，我喜爱的另一句格言就是“只向真理低头”。

今日之世界，民族主义与民主主义乃为两大潮流。中国民族主义的觉醒和复兴已不成问题，甚至有时令人有过分之感，但民主主义的觉醒和复兴，相比之下还差距甚大。从“五四”时代的呼唤“德”先生，到我青年时代的“争民主，争自由”，到五十多年后的今天，科学进步，在这一百年内的变化确实令人咋舌，而民主主义的进步，又有多少呢?！我又陷入了五十多年前的沉思。

原载《江平文集》中国法制出版社 2000 年 12 月版

沉思与怀念

——纪念谢怀栻老先生

谢怀栻教授与世长辞了，我感到心中失落了些什么！

论年岁，他比我长 11 岁，既无师生之份，也无同窗之谊；论工作，从未在一个单位相处，更无同事之情。但 20 年来在民商法这一领域内又与他多有交往。他的学识与为人我尊之为师，我习惯称他为“谢老”；他的平等待人精神，我视之为友，有困难常去请他帮忙；在民商法这一战壕，我视之为同事，为共同事业而努力。

也许因为我们都有过“右派”的经历，更有点“惺惺相惜”。但我们之间也有不同：论身份，我是“革命”出身送到苏联留学的，毕竟从轻发落了，而他是“旧法人员”出身，作为极右分子被发配到新疆！论“罪过”，我是因“自由主义”而获罪，他是因“法律”而获罪。今天看来，因要法律而获罪简直是不可思议、不可理喻，但当时确是如此。50 年代初，“旧法人员”和“旧法观点”是老一辈法学家和司法人员头上的两根“紧箍咒”。旧法人员都要改造思想，谢老也不能例外，他是先设在南京后迁到重庆的中央政治学校法律系的高材生,200 多名学生中只有 9 名进入法律系,更何况这所学校是国民党培养人才的学校,校长是蒋中正本人。这样的人不算旧法人员谁可称为“旧法人员”？这个旧法人员偏偏又爱多言,在整风运动中竟然指责党“以政策代替法律”,希望“尽快制定法律”。说到底,当年批判的所谓“旧法观点”就是“言必称法律”,就是要“以法律代替政策”。把法律看作统治的“工具”,还是统治的“圣经”,在当时是革命还是反革命的分水岭！谢老就是“以言获罪”“以法获罪”。他执着的一生就是追求“完善的立法”“完善的私法”。这是法律人的最高人生境界。今天这个道理我们已经看作法律的 ABC,但这个“ABC”却是像谢老那样用一生青春和血泪换来的啊!

谢老读大学的时候,正是抗战初期 1938 年。大学学习的四年正是抗战最艰苦的时期。前些年我和谢老去台湾时参观了台湾政治大学的校史展览馆。政治大学的前身就是中央政治学校。谢老指着一张 1942 年毕业生全体照深情地说,他在那里度过了四年。学校校舍破乱不堪,但是谢老说,在民族危难之际,他们学习的动力和毅力是很强的,非常刻苦努力。当时我深深感到谢老的渊博知识是在怎样的历史条件下打造出来的。我也想到我自己,缺少像谢老那样过硬的“基本功”,这也许和我入大学时的革命狂热不无关系。革命高潮带进了多少热血青年,但革命也带来了浮躁,坐不下来认真读书,坐不得冷板凳,喜欢轰轰烈烈。谢老在我们民商法学界被誉为“百科全书”。不知道的尽可问他,他都可以给你一个回答。在立法碰到问题时也想请教他，有他的意见，我们可以放心些。在这个意义上他完全可以称得上大家、大师。谢老非常推崇他的老师梅仲协先生，梅先生是中国民法的前辈、启蒙大师，海峡两岸许多知名学者都受教于梅先生的门下。谢老在梅先生的著作《民法要义》在大陆重新出版时写的序中说到梅先生治学的严肃和严谨态度，谈到梅先生要求读法律的学生除英语外，必须学好德文、日文，要求读原著，读德国民法典，要求“取法乎上”“老老实实的学习研究”“要学就学最好的”——这就是谢老从梅先生那里学到的治学态度和方法，也是他一生的真实写照。谢老一生没有在行政机关、社会团体和学术团体中担任什么工作，连个小小的“长”也没当过，最多只是个“顾问”“委员”之类。他很少使用名片，名片上的光环简直少得可怜；而他的名字的光环却让人炫目。在他已经卧床不起的时候，社科院法学研究所给了他一个“终身研究员”称号，这是他完全应当享有的荣誉，是受之无愧的！

谢老作为一个著名的学者，出国访问的机会并不多。有一次我和他谈起此事，他深情地说，外国去不去访问无所谓，台湾是很想去的。因为他曾在日本投降后去过台湾接收台湾法院，50 多年过去了，很想再看看宝岛现今如何，还有几位故交仍在台湾。恰好美国福特基金会资助一个两岸交流的项目，我们便邀请谢老同行，这时他已经 80 高龄了。他回忆起 1942 年中央政治学校毕业后便通过司法考试，分配到重庆地方法院担任推事(即法官)，当时他是最年轻的推事。

按照当时的规矩,讨论案子时,由最年轻的推事先发表意见,越资深的越靠后发表意见,以免资深的先发表意见后会影响资浅的,使其不敢独立发表意见,这样做法对年轻法官很能锻炼成长。而我们现今往往是官大的先说,资深的先说,年轻人往往会唯唯诺诺,不敢发表独立的不同意见。谢老谈到日本投降后要去台湾接收法院,就要从重庆地方法院抽一些年轻人,他就主动报了名,参加了培训,不久便由国民政府派往台湾。当时台湾实行的还是日本法律,有一些反日志士被抓进监狱还未宣判,他们接收法院后就以中华民国台湾高等法院的名义签发了无罪判决书。这是台湾回归祖国后以中国台湾高等法院发布的第一份判决书,是他签发的,他感到无比自豪。他在台湾也经历了"二·二八"事变,看到了当时台湾社会的动荡。台湾的学者知道谢老的学识及这段经历无不对他深表尊重,称他是台湾司法界的元老。

谢老的民族自豪感是很强烈的。在他的文集中就收有一篇《从民事诉讼法论日本法院对光华寮案判决的违法性》。中国劳工在日本法院提出民事赔偿一案败诉后,谢老很气愤,他积极邀请我去参加专家讨论会,提出中国法院有权管辖的法律意见,并两次打电话希望我向最高法院有关院长反映情况,他认为这是民族尊严的大事。在他最后留下的一篇短文《毕业60年》结尾时写道:"毕业60年,回顾这一生,我给了国家一点点贡献,国家给了我很大的回报,我感谢养育我的祖国。"谢老一生坎坷,最后的遗言是:我感谢养育我的祖国。这就是老一辈知识分子的爱国情怀!

谢老没有喝过洋墨水,既没在国外拿到什么学位,也没有机会去国外做访问学者,但他的外语能力是很强的。我知道他懂英语、俄语,而德语、日语是达到了校阅的水平。20世纪90年代初,我组织出版了一套大型的翻译丛书《外国法律文库》,其中多数为美国法律专著,但也选了几本德国和日本的法学专著,其中有德国拉德布鲁赫的《法学导论》、罗伯特·霍恩的《德国民商法导论》以及日本我妻荣的《债权在近代法里的优越地位》。尤其是第一本——具有法理学性质的书翻译难度很大,而校者要把关,要校正译者的错误,这件工作我只好请谢老担任。谢老花了极大的精力,担任起一字一句的德文、日文的校阅工作。50年前的大学外语水平,20年的荒废,没有喝过洋墨水,居然仍有那么高的外语水平,不能不令人折服。我只能用坚强毅力和严肃认真来解释他对工作的一丝不苟的态度。

谢老不仅有很深的理论修养,而且有很强的法律实践能力。他是我国国际经济与贸易仲裁委员会的资深仲裁员、顾问和专家委员会委员,前后共办理过数百个仲裁案件。我有机会与谢老共同办理一个案件,我和外经贸大学严思忆教授是双方指定的仲裁员,谢老是首席仲裁员。他在审理案件时,我在旁细心观察他的态度、他的风格、他的问语、他的处理意见,似乎能想象到这位经过严格司法考试和司法训练培养出来的法官当年断案时的风采。甚至我在默默地祷愿,如果我们的仲裁员和法官都能有这么高的水平,那就是国家的万幸。我担任仲裁员多年,但最怵头的是写裁决书,即使当了首席,也往往请人代为草拟。而我所知道的谢老担任首席时的裁决书,几乎都是亲自动笔。在我与他共同办的案件中,他那认真的态度使我感到惭愧:反复征求两位仲裁员意见,用法理向我们说明案件性质、应适用的法律条文,字斟句酌,反复修改,直到大家都同意为止。他从不盛气凌人,从不偏袒一方,从不固执己见,从不草率结案。他总使人感到与他合作是非常愉快的事并能从中得到许多教益!

谢老看起来似乎是老学究模样,从来不穿西服,更不打领带,终年穿着一身中山装,就连去台湾也是这身打扮,给人一种时代变了装束未变的印象。其实,谢老思想一点不保守,对青年人的关怀和寄望尤为殷殷。许多年来,中国政法大学民商法的博士论文答辩几乎都要请谢老参加,答辩的人以能请到谢老为荣,参加旁听的因有谢老参加而更踊跃。我常常对他讲,希望他能在答辩会上充分表达自己的观点,不要仅限于提问,不要怕尖锐。事实上每次他的发言对青年学子都是一次言传身教的启迪。大家都感受到,他思想很活跃,对当前的时弊不乏快人快语、一针见血的针砭。对于答辩的论文他很快就掌握住哪些地方是得意之笔,哪些地方是薄弱环节,谢老以他独有的语言魅力和严谨的逻辑思维使答辩人心服口服。他虽然发言尖锐犀利,但从不为难学生。有一次我的博士生论文答辩的题目是:《论商事人格权》,谢老对“人格权商事化”的观点很不以为然,找出许多理由来批驳,但他最后还是认为青年人做学问要有勇气,要有突破精神。对于逐渐崭露头角的青年学者和出现的一些优秀的博士论文,他感到由衷的高兴。他在《环球法学评论》的一篇采访文章说,他非常高兴看到年青学者"站在老一辈人肩膀上前进"。这种提拔青年学者、关爱青年学者、甘为青年学者阶梯的精神是老一辈学者的优良品质。

谢老一生是从事民商法教学和研究的,他最关心的当然是民法典的制定。有一次他说:"《法国民法典》是 19 世纪初世界有影响的法典;《德国民法典》是 20 世纪初世界有影响的法典;我希望中国民法能成为 21 世纪初世界有影响的法典。"这是老人一生对我国民法典的期望。现在《民法典草案》已经提出了,但距世界有影响的期望值还很远,中国的民法典既有自己经验的总结,也要善于借鉴国外先进制度,"取法乎上"仍是不可忘记的。我们应当在本世纪初拿出一部至少像样的民法典,也足可告慰谢老于地下。

原载《中国政法大学校报》2003 年 5 月 20 日

第三编　律　师　谈

做人与做律师

坦率说来,从教四十多年,讲台上是不害怕的,但平生大概这堂课是我准备得最用心的一堂课。面对这么多的律师,这个题目我是不敢讲的。考虑了半天,我想从八个问题上,也可以说从这些问题想到的来讲一下。从这个意义上来说,今天可以说是跟大家交换意见、谈谈心。

第一个问题,我想从美国律师的社会形象讲起

为什么要从美国律师的社会形象讲起呢?因为我到美国去了以后,感觉到美国律师受人们羡慕的程度和美国律师在社会上受人尊重的程度看起来有一些差距,有些反差,或者说反差相当大。看起来社会上的职业,有的很受人羡慕,或者人们在选择职业的时候放在最先的地位来选择。但是,这样一个职业并不一定在社会上就得到人们更大的尊重。因此,受羡慕的和受尊重的这个差别引起了人们很大的关注。有的很受尊重但不见得人们都愿意去做。比如说美国的神职人员,大概美国很少有人愿意考神学院,神父、牧师恐怕也不是很多人愿意当的。但是对于律师来说,恰恰相反。

律师这个职业,大家都知道在美国确实是非常热门。人们考法律专业,已经成了第一个选择。也就是说,它的收入之高超过了总统,这一点确实令许多人羡慕。但是,美国律师的形象在社会上并不很高,或者说它是一个相当大的负面形象。我看这个反差可能正好跟神父相反。神父没人愿意去当,但是当了以后,人们对他的评价很高,很尊重。那么,如果再拿医生来比较。在美国,医生的待遇跟律师差不多,或者仅次于律师了,医生的社会羡慕度和他受社会的尊重度也是属于比较正常的。人们也愿意来从事这个职业,而且这个职业在社会上受到了比较大的尊重。这样的话,我们就可以看出来,在美国,律师这个职业的社会评价和它受羡慕的程度成了一个反比,人们说它是个反差很大的职业。美国有一个笑话说,一位医生、一位教师、一位律师死了到了天堂,等待分配住处。圣彼得分给了医生一套充满阳光的房间;分给教师一套别墅;分给律师一栋大厦,而且有很多舞女在为之缓歌曼舞浅唱低吟。医生和教师都不服气,就找圣·彼得,说为什么给律师这么好的待遇,而给我们的比他还要差呢?圣·彼得回答说,物以稀为贵嘛,他是第一个到天堂来的(律师),当然要住得好一点啦。我想,律师能够升入天堂的,在美国人看来是寥寥无几的。医生和教师因为进入天堂的太多了,所以拿到一般的东西也就可以了。这样的一个比喻说明了一个什么问题?说明作为一个律师,人们对他挖苦是比较多的。当然,严格说来,律师本身带着很大的困难。

我们可以说，神父是靠着他的上帝的光环，制成了他的王冠，也可以说，牧师、神父没有什么得罪人的地方。他在人死的时候给予忏悔，挽救人的灵魂，所以他永远是处在一个有利的地位。那么教师呢？他播给人们的是知识，从没有知识到有知识，恐怕教师也不会受到人们的非议和不满。医生给人们带来的是生命，当然他得到的也会是很多的歌颂。而我们律师，总是在诉讼争议中也好，其他方面也好，给一方带来了好处，可能或者必然的就要给另一方带来一些灾难。所以，不论你是打胜一个官司也好，打输一个官司也好，我看你都要受到人们的指责。如果你打输了一个官司，对方的当事人也会骂你。从这一点来说，我们律师职业自身存在招致不满的这么一个可能性。由此，我就想到了胡乔木同志写的歌颂律师的诗里面的一句话："你戴着荆棘的王冠而来。"这可以说，律师的王冠是由荆棘编成的。我觉得胡乔木的诗里面有深刻的含义。如果说神父的王冠是靠着上帝的光环编织成的，教师的王冠是由智慧的明珠编成，医生的王冠是由生命的玫瑰编成的话，那么我们律师的王冠是由荆棘编成的。这一点，既说明了他任重道远，他的道路崎岖坎坷，不能是那么一帆风顺，也说明了他自身的使命重大。当然，在乔木同志的诗里面，还提到了"你握着正义的宝剑而来"。在这一点上，我们可以说作为我们国家的律师，这两个应该是同时产生的。既戴着荆棘的王冠，又握着正义的宝剑。

从我们国家现有律师的形象来看，总的来说还不像美国律师那么坏。因为我们刚刚恢复律师制度十多年，我们的工作和带给社会的印象还不错。也可以说人们对于律师的歌颂现在还多于对律师的遣责。大概还没有看到一部电视剧或电影里面写哪个坏律师的。可是,有一点我们可以肯定,律师的形象在社会上现在是每况愈下的,并不是呈上升的趋势。这一点应该引起我们每一个人的注意。在我们身上具有两样东西,一个是荆棘的王冠,一个是正义的宝剑,而这将是我们在社会中的形象。

职业形象是由执业群体的一言一行形成的,将来我国律师给人的职业形象是什么,这一点非常重要。我们现在看到法官的、公安的、工商管理人员的形象,或者其他的某一个职业的形象,脑中会是一个什么看法呢?我想一个人在社会中的地位,首先离不开他的职业。如果一个职业形象已经被社会否认,那么,我们在从事这个职业时,就不会感到有多大的光荣。只有我们从事的职业的形象光荣,我们每一个人才会有光荣的感觉。所以,在这一点上,我觉得中国今天到了需要很好树立律师职业形象的时候了。而这样的一个形象要靠每一个律师自身的作为和表率来给社会答案,答案是我们自己写出来的。当然,社会的形象、职业的形象并不完全等于你个人的形象。美国虽然总的律师形象不好,但是有些律师形象光辉,也不在少数。我们在美国各地,感觉林肯的形象是非常高大的。林肯高大的形象,一半是他的总统形象,另一半是他的律师形象。正是因为他作为律师,掌握着法律正义的宝剑,才能够在当时的社会环境中敢于废除农奴制度。我之所以从美国律师形象谈起,就是希望中国的律师,能够以建立良好的社会形象为第一目的。

第二个问题,我从马来西亚总理马哈蒂尔的讲话中想到的

前半年左右吧,我看到报纸上刊登了马来西亚马哈蒂尔总理的一个讲话,实在是惊人之谈。马哈蒂尔在一次国际会议上说,世界上谁是最能够管理政府的(人)呢?他认为是医生而不是律师。马哈蒂尔对他的话也作了一番解释。他说,医生治病的方法就是先把现象拿出来,病状找出来了,然后通过化验、诊断,通过各种的办法找出病因。继而开出一个药方来解决这个病,再看他的效果如何。如果效果不好,就要采用另外的药方来解决。而治国和治病是一个道理。治国也需要先把它的问题提出来,然后通过各种办法,分析问题,最后解决它。而律师呢?律师是拿了人家的钱以后,首先肯定他是没罪,按无罪辩护,于是他找出各种的理由来说明他没有罪。所以,律师是先有一个当事人给他任务、目的,然后为了服务于这个目的再来找证据证明。当然,他说的话也不能说一点道理都没有。从美国的历史上来看,担任总统的 42 位里面有 21 位是律师出身(截至 1997 年数据——编者注),你不能说律师不会治国吧。起草美国宪法的 55 位先贤里面有 30 位是律师,在美国宪法最后的文本上签字的 39 人中有 24 位是律师。在美国参众两院里,1/3 以上的议员都曾经从事过律师工作。所以说律师不会治国是绝对片面的。我们所说的法律,我常常给学生讲,应该是治

国之语。我们现在讲依法治国,那法律不是治国之语是什么?如果从过去的历史看,法学本身也是一个治国之学。所以,作为一个学法律的人,自身学的不仅仅是服务之道,而且应该是治国之道。一个国家真正掌握治国之道的,应该是学文科的。学经济的人不来掌握经济、不来领导经济,学政治的不来领导政治,学法律的不来以法治国,那怎么行呢?对于我们年轻的律师,对于我们以后学政治、学法律的人来说,应该是他们负起治国之道的责任来。但是,马哈蒂尔的话不得不让我们想起他的话里边有很值得我们深思的一个道理。这个道理是什么呢?就是刚才讲的,律师往往讲的是服务之道,律师不一定能够掌握治国之道。而治国之道和服务之道既有它相同的一面或者交叉的一面,也有它很不一样的一面。由此我就想到,在美国如果要想做一个名律师的话,我看可能有两种。一种名律师是,事实是白的东西,大家都说它是黑的,而我们律师就能够最后说服大家它是白的。本来是白的东西,但社会上都说它是黑的,受了不白之冤,我们律师敢于出来面对着真理,恢复它的本来面目。一个人本来无罪,大家都说他有罪,最后律师就证明他无罪,给了社会以公平、正义,那么这样的律师就出名了。第二种呢,是本来是白的东西,大家也都认为是白的东西,可是律师就能够证明它是黑的。最后说服了大家,都认为它是黑的了,甚至说服了法官也认为它是黑的了。我看这个律师也了不起。如果说他本身有罪,社会上也认为是有罪,可是最后律师就是辩护为没罪。应该说从律师之道来说,这两种都是名律师。第一种是治国之道的名律师,他能够将公平、正义还给社会。第二种是服务之道的名律师。我请了这种律师,真能够把黑的说成白的,那真不简单。

去年我在美国作访问学者三个月的时候,正好赶上美国的世纪审判——辛普森案件。我在美国的时候还没有正式开庭,在开预备庭的时候,每天的电视广播都报道这个案件。辛普森作为美国著名的橄榄球运动员,后来又作为一个美国的电影明星,在美国社会很有知名度,甚至他作为一个黑人,他的风度是很得到人们赞扬的。但是,他被指控杀死了他的前妻和前妻的朋友,在美国的民意中,可以说70% ~80% 的人都认为是他杀的。为什么呢?因为如果他没有罪的话,他为什么私自驾车逃跑呢?他和他那个朋友驾车逃跑的时候,警察开车在后面追,当时直升机现场向全国播送了这个新闻,辛普森逃避警察的追究,逃跑,在中国说来,这一条罪就够了。那么,再加上在此之前,他把前妻的钥匙偷了出来,你不杀人你偷人家钥匙干什么?更重要的是在他的汽车里面发现了一滴血迹,这个血迹里面的 DNA 就是她前妻的遗传因素,这个可是实实在在的东西。但是,辛普森请了美国最有名的5 名律师来为他做辩护,给他们的钱是非常非常高的。那么,这些人利用了回避的办法,使法官回避。血液鉴定,他们找了美国曾经获得诺贝尔奖的人,这个专家说,遗传基因的分析还并非是一项完善的科学,如果法官仅仅根据一滴血就确定一个人是杀人犯的话,这就太愚蠢了。当然,还有许多其他方面的东西。美国实行陪审团制度,陪审团成员是由法官来指定的。但是被告的律师往往可以以一个理由把不利于被告的陪审团的成员排斥在外。所以,在这种制度里,这5名美国律师,最后真的把辛普森辩成无罪,一年徒刑都没有判!我碰到一些美国人,问他们对辛普森案件怎么看,他们都说是金钱的胜利,确确实实这5个律师在美国又一次出了大名。或者说,作为服务之道的律师,这5名律师是非常了不起的。但是,这5名律师在人们心目中并不是以前面我所说的,像林肯作为律师那样的一个高大形象出现的。我想,如何能够解决好这两个"道",在两者之间如何能够寻求到更好的结合点或者说求得平衡,甚至如何能够解决好它的先后顺序,都非常重要。我想在这儿顺便再说一个很有意思的事情,就是我们现在经常有一些辩论大赛。辩论双方抽签,抽成正方就是正方,抽成反方就要是反方。我选择了这么一个辩题,我要努力去为它辩护,我要努力地去论证这个东西,我要把对方辩倒。而恰恰我选的辩题我最不赞成。所以,有人建议,能不能改变一下辩论赛的办法,把赞成这个命题的人组成一团,把心里反对这个命题的人组成另一团。这两方来辩才是真的来辩。我赞成这种观点。事实上,这个做法显然又不太可能。现在我们选择这个办法,我说只是个方法论的辩论。因为如果我选择了一个辩题,这个辩题是我不赞成的,而我又能够把它辩好,这至少说明,你是知己知彼,你得知道对方的论点。而且从某种意义上来说,这样的一种辩论方法更适合律师的服务之道。

律师不一定完全赞成客户的观点,但是我仍然要找出最有利于他的证据,能够把对他最不利的地方减少。从这一点来说,辩论赛的宗旨就在于这样一个方法论。所以,辩论赛的方法论和它的目的论是两个东西。如果我们从目的论来说的话,每一个人是为自己所坚信的信仰而辩论,为你所认为的真理而辩论。而作为方法论来说,你完全可以为你不认为是真理的一方来辩论,甚至你可以为罪大恶极的人来辩护。所以,我想在这一点上,我们应该有这样一个意识、观念,拿人家的钱当然要为人家服务;但是,在为人服务的时候,我们还要来考虑一个目的,一个法律的尊严,法律里面所体现的公平、正义这个崇高的目的。这个目的如果我们忘记了,如果我们仅仅限于一般的方法,这是不行的。

第三个问题,我是从合伙企业法的制定想到的

为什么从这儿讲起呢?因为我们现在的合伙企业法,已经提交全国人大常委会讨论了。我参加过很多次合伙企业法的讨论,也参加了两次国际立法讲座会。合伙企业法在制定的时候,有一个争论很大的问题,就是我们到底是制定一部合伙法呢,还是一部合伙企业法。从世界各国来看,没有一个国家制定合伙企业法,都叫合伙法。而我们国家是以企业为本位来立法。过去有全民所有制工业企业法,有集体的、有私营的,还有其他一些都是以企业为本位立法的。外国学者建议我们搞合伙法,但是,最后我们还是搞了合伙企业法。那么,合伙企业法和合伙法到底有什么不一样呢?它对于我们在座的律师有什么不一样呢?如果是合伙法,它本身包含了合伙律师;如果是合伙企业法,显然就不包括我们律师了。这里面存在一个问题,就是合伙企业是以营利为目的的。虽然企业法,包括公司法都没有明确用“以营利为目的”这几个字,但是,条文的内容里包含了“以营利为目的”的概念。

在起草过程中,大家说,律师、医生、会计师、建筑师现在都有不少是合伙的,也收了很多的费,能不能把他们也列入企业的范围?但是,最后大家认为不能把他们看作企业。虽然在现在合伙企业法的附则里面,最后有一句话就是律师、医生、会计师这样一些合伙事务所,可以参考有关合伙企业法的规定。这里实际上说明了一个什么问题呢?我想,说明绝不能把律师事务所看作以营利为目的的企业,这是个绝对不能混淆的界限。也就是说,这不仅仅是个注册的问题,也不是一个拿什么样执照的问题,也不能说是组织形式或者其他问题。一个基本的观念必须非常明确,就是律师本身虽然也收费,但是他始终不等同于以营利为目的的企业,即使他赚的钱可能比一个企业要多得多。所以,从这一点来说,我觉得我们律师职业的性质应该明确。

第一,合伙企业法的企业是一个企业单位,而我们合伙律师事务所,无论怎么说是一个事业单位。事业单位的概念就是以一定的社会利益、目的为第一位。我们的民法通则里不是有企业法人、事业单位法人、机关法人和社会团体法人四种吗?那么,企业法人和事业单位法人的不同就在于企业法人是以营利为目的,而事业法人是以社会服务为第一宗旨。医生虽然也收钱,但是医生的第一目的是救死扶伤,绝对和企业性质的法人不能是同样的概念。我们现在有些人常常把自己的事业单位的性质混同于一个企业单位。企业可以说以营利为目的,有利的干,没利的不干,因为要获得利润。

第二,我们的律师不是商人。西方国家有商法,商法里规定商人的定义是从事商行为的人。从事商行为就是各种营利的行为,不包括律师、医生、会计师这样一些人的工作。我想,在西方国家来说律师就是自由职业。我们国家即使不把他叫自由职业者,也可以说他带有自由职业者的性质。自由职业也就是拿独立的工资,不依附于任何人。商人虽然也具有独立性,但是商人本身是为了他的金钱和商业。

第三,我觉得律师的收费和商人的利润是绝对不一样的。我们常常说律师是智力投资,但是他和商业领域里面的资本投资的概念是不一样的。投资所得的是利润,收费得到的是服务的报酬、中介的报酬。利润可以是无限的利润,而报酬只能是你所付出的劳动、所付出的服务中介的合理报酬。而利润是完全可以和他的投资不成正比的。投入一分钱,可能获得100万元。

第四,就是我在许多国家了解到的,很多国家的律师,自己也从事商业行为,不仅仅是买卖股票,甚至可以开公司。但是,一个律师从事某些商业活动,并不等于律师自己的律师业务就变成了商事性质的。我想我说这一点的目的是什么,目的是让我们每个人知道自己的身份、自己的地位、自己在社会中的坐标。我们搞法律的人往往爱讲:主体是基础。

主体的法律回答的是你的性质、地位、资格、能力是什么。我们现在从以所有制划分企业逐渐要转化到以出资的形式、出资的责任来划分企业了,要变成独资企业、合伙企业、公司的企业和股份合伙企业。我们的法律发生了根本转变,而这种根本转变回答的问题就是:要明确你打交道的主体、你所服务对象的主体,它的性质、地位、资格、能力是什么。那么对于我们的律师来说,我们也要了解自己的性质、地位、资格、能力是什么,你在社会中的坐标是什么。只有这样定好了位,做好的律师才能够有可靠的保证。

第四个问题,我想从双重人格谈起

为什么呢?我在学校的时候,有些课没有讲,我就讲了。我开始讲起了罗马法。开始讲罗马法的时候,很多人不知道,社会上有人问我讲什么,我说讲罗马法。他们说怎么你们卖骡子、卖马都有法了?在罗马法里,讲主体的时候用了一个人字。其实,在大陆法国家一切都叫"人"。民事主体就是人,可以是自然人,可以是法人,也可以是债权人、债务人。"人"字在罗马法里就是一个面具的意思。作为社会中的人,大概就像一个人有多重面具一样。比如你在家庭里面,你可能是父亲,同时又是儿子,又是孙子,同时又是丈夫;那么你在经济活动里呢?你可能在这个地方是债权人,在另外一个地方是债务人;可能在这个地方是侵权人,在另外一个地方又变成了受害人。我觉得这个字用得很好。罗马时候,没有很多的词汇在法律上来表示,但是,用了面具这样一个概念来表示"人",

就好像我们的京剧舞台上,生、旦、净、末、丑,每一个人都有一个脸谱,一种脸谱代表一种人一样。从这个意义上来说,在法律的大舞台上,每一个人只不过是一定的角色。但是,我今天讲到的律师的双重人格,并不是社会活动里、法律关系中的多重人格,而是我们律师自身的某种多重人格。我为什么要讲这个问题呢?因为我接触的一些律师,我觉得他们变化很快。我现在在中国国际仲裁委员会也担任仲裁员,我们几个老仲裁员谈起来,觉得有一些仲裁员同时也是律师:今天在这个地方争论得面红耳赤,说这个问题应该这么来解释;到了明天,作为另外一个角色争论时,同样的一个法律条文又作了另外的解释了。所以,对于我们来说,是实用主义地来对待法律呢,还是依照法律的真正精神来理解法律?

我为什么说这个问题呢?就是我们既然是学法律的,既然是律师,当然我们最懂得法律;只有最懂得法律的人,只有真正懂得法律的人,才知道法律空间有多大。我想在这一点上,律师很多的技巧就在于寻找法律的空间。我们知道美国是判例法,有很多优点。美国的教授上课的时候,让学生事先看好多材料,到上课的时候老师就提出一些案例来分析,甚至提出一些模棱两可的案例让你来分析。一个侵权行为到底构不构成侵权,由你们来分析,由你们来争论。到最后,学生要问,老师你有什么结论啊?老师说,我教给你的是方法而不是结论。老师教给学生的是方法而不是结论,当然很好。如果我只教给你结论,情况变了,你仍然以原来的结论处理,那怎么行呢?你当然应该很好地掌握这个方法。

我们可以说法律的技巧就在于，能够在众多的法条、判例里面寻找一个最有利于你的东西，我想这是法律本身的不完善以及本身的冲突、法律之间的夹缝和空隙、法律之间的矛盾所造成的。有些国家培养律师就是培养运用法律的技巧，看谁运用得最熟练、最巧妙、最天衣无缝、最能让法官信服。所以，如果单纯把法律当成一种职业技巧来学习，我们完全可以说就是要把法律变成更合适于你的目的。

我想起了“文化大革命”期间，那时语录要比法律神圣得多，念一段语录，那就是最高指示了，甚至当时有的地方搞的无产阶级专政靠语录都可以判死刑。在两派打仗的时候，都要从语录中找出最有利于自己的东西，甚至同样的一条语录完全可以被两派的人拿来引用，作为自己行动的根据。如果我们今天拿法律来代替语录，每个人都可以用法律来为自己随心所欲地解释、运用的话，那就太可怕了。我们不能再回到那样的年代。1957 年在我国法学界，有的就是因为学术观点而被划为右派的。我们学校有一位老教授，就是因为“无罪推定”而被划为右派的。当时以及后来批判这种“无罪推定”的文章遍地都是。而今《刑事诉讼法》修改了以后，那些原来靠批判“无罪推定”把人家打成右派的人，今天可能反过头来就变成了积极宣传“无罪推定”的人了。我说这话绝对没有任何不允许人们改变观点的看法，但是到今天还有谁会想起当时因为宣传“无罪推定”被打成右派的那个人的观点呢？社会上非常可怕的是一个人有双重人格、多重人格。任何一个职业都应有一重人格的精神，这就是只向真理低头,只向法律低头。因为并不一定现在当权的就是真理,也并不一定现在多数人掌握的就是真理,也并不一定是在这个运动里面主张的就是真理。

律师手里没有权,他靠的是什么呢?靠的只能是法律。他靠的不是法律的韧性,靠的不是法律的矛盾,靠的不是法律的空隙;而是靠法律的权威,靠法律里面体现的真理。真理本身只能有一个,同一个时间、同一个事物里面我看真理只能有一个。有罪就是有罪,无罪就是无罪。是就是是,非就是非,不能任人打扮。过去我们老爱批判胡适的一句话(我也不知道这是不是胡适说的,既然过去批判了恐怕还是他说的吧),胡适说:“真理就像一个女孩子,可任人打扮它。”我想这就是真理和实用主义之间的区别。我们作为律师,在服从真理这一点上应该是摆在第一位的,而不能够用实用主义的态度来对待,更不能拿实用主义的态度来对待法律,把法律看作一个可以揉捏的东西。

第五个问题,是由1991年民诉法的修改想起的

1991年的民诉法还没有像1996年的刑诉法那样在许多重大问题上作修改,但是在当时也依然有一番争论。原来的民诉法规定,代理诉讼的律师可以依照有关的规定查阅本案有关材料,对于其他诉讼代理人则规定需经过人民法院的许可才可以查阅本案的庭审材料。按照原来的民诉法,律师和其他诉讼代理人显然有两个不同:一是律师查阅卷宗不需要经过许可;二是律师可查阅本案的有关材料,就是卷宗,而

其他诉讼代理人只能查阅本案的庭审材料。这就表明在民诉法里,律师作为代理人,他的地位与权限和非律师的代理人不同,当然这个不同也不算小。

1991 年民诉法修改时在这个问题上的争议非常大。讨论时,司法部的代表坚持要维持原诉讼法的规定。大家知道最后民诉法的修改把这些不同取消了。按现在的规定,代理诉讼的律师和其他代理人都有权调查、收集证据,都可以查阅本案的有关材料,完全一样了。当时司法部还提出了很多的理由,比如说把律师和其他诉讼代理人的地位搞成完全一样的话,是不是会造成更多的"黑律师"的出现?但法律委员会座谈这个问题的时候,从这么几个方面来考虑:一是民事代理按民法通则的规定,是基于被代理人的自愿和委托。被代理人享有哪些权利,代理人就享有哪些权利。律师作为代理人享有的权利,其他代理人也可以享有,因为这是基于民法中的民事代理的性质产生的。二是从便利和减轻当事人的负担来看,也不一定都要找律师来代理,如果当事人一方有朋友、有亲戚、有兄弟姐妹是大学生,是学法律的,甚至不是学法律的但有能力来辩护,为什么不可以找他当代理人呢?这样也可以减轻当事人的负担。另外考虑代理人不论是律师还是非律师,在法律上应该有一个平等的地位。当时我记得在讨论的时候大家说,律师本身就已经是很精通法律了,那么律师在民事诉讼代理中的优势不应该就是他所享有的特殊的权利吗?律师的优势在哪里?是靠法律给你享有其他代理人不享有的权利呢,还是应该靠你所掌握的法律中的一些精神和你所知道的法律的知识和经验呢？最后大家一致认为，律师应该靠的是这个优势，而不能靠法律保护你的特殊权利的优势。去年全国十佳律师张斌生同志是我们学校50年代末的研究生，也就是因为在学校讲了一些话最后被划为右派，受苦受难了二十多年，现在恢复了律师的职业，成为全国相当有名的一位律师。我看《中国律师》杂志采访他的时候，也曾提出了这个问题。我想这个问题回答起来既简单又困难。如果说简单的话，可以说律师的优势就在于他懂法律，其他的人没有像你这样学过这么多的法律，当然没有你这样的优势。那么是不是一个人懂了很多的法律知识就能够成为一个好律师？我看也不见得。作为一个好的律师应预备两个“感”：一个是使命感，另一个是正义感。张斌生同志在谈到这个问题时特意谈到了这两个“感”。

作为律师，从忧国忧民的角度我想简单说几句。我在上中学的时候，经常看到当时所贴的标语里面有“礼义廉耻”这样的一些字，我对于这几个字里面最不好理解的是为什么要把“耻”字加进去？耻辱是耻，为什么把“耻”看成是人生最重要的美德之一？后来逐渐了解到，“耻”就是不足，一个国家、一个民族、一个人如果永远满足于自己的现状，看不到自己的不足，看不到国耻、民族的耻、自己的耻，这个人是很难进步的。“知耻而后勇”，一个人知道了自己的不足以后才能够有更大的动力。最近我看了一篇东西，非常有感触。这篇东西讲的是中国离现代化还有多远。它引用了国际上比较常用的美国一个社会学家提出来的现代化的十项指标。第一是人均国民生产总值达 3000 美元以上，而我们现在才是 400 元；第二是农业产值在国民生产总值中所占比重不超过 12% ~15%，我们现在是 18.8%；第三是服务业产值在国民生产总值中所占比重要超过 45%，而我们现在是 33%；第四是非农业就业人口在总的就业人口里所占比例超过 70%，我们现在是 45.7%；第五是有文化人口在总人口里面占比例超过 80%，而我们现在是43.6%；第六是适龄青年里面上大学的所占比例要超过 30%，而我们现在大学生只占 3%；第七是城市人口占总人口比例超过 50%，而我们现在城镇加在一起人口仅占 28.7%；第八是平均每名医生负担的人口在 800 人以下，而我们现在是平均 1060 人中有一名医生；第九是平均预期寿命在 70 岁以上，我们国家已到 69 岁了，只差 1 岁，大概这项指标将达到现代化了；第十是平均每 3 个人以下每天有一份报纸，现在我们每 23 人有一份报纸，大概还都是公家订的。所以最后的结论是：我们离现代化还远得很，别太自满了。我看完了之后觉得很有启发，这时刻表明我们现在还有哪些不足，国家还有哪些不足。这没有给我们抹黑，我们就是这么走过来的，我们本身就是有这样的差距。如果我们现在以“中国离现代真正的民主与法制还有多远”为题，恐怕没有人敢写这篇文章。其实如果说真正的民主与法制标志也能列出十条来，咱们每条还差多少，我看可以给我们敲敲警钟。虽然我们这十几年民主与法制的建设确实取得了很大的成绩，但我们也应该认识到存在的差距。我们作为律师是维护国家的民主与法制的,而且也最了解我们国家的民主与法制的差距还有多远、我们民主与法制最薄弱的地方在哪里,知晓现在法治建设中的不足、混乱和腐败,但是我们有几个律师能写出我们的差距,或是提出我们的建议呢?有的律师跟我说,当律师真累啊,我是不想去吃饭的,但是不得不去请。当然我很相信他的话,他请人也不是真心的,这种现象不能不引起人们的思考。所以我说律师本身应该是法律建设里面最好的一面镜子。《中国律师》杂志有一篇介绍西安律师许小平的文章,他办理一个案子时感觉到我们现在收审制度中的问题很大。这样的收审制度实际上在很大范围内侵犯了人权,造成了很大的问题。他在刑诉法修改之前就发表了一篇文章,是《关人容易放人难:简论收审制度的弊端》。我想这是一个对历史负责的律师,他看到了收审制度的弊端,他也敢于提出收审制度的弊端。我们的律师在我国的民主法制建设里看到的东西最清楚,碰到的问题最深刻,所受的切肤之痛比别人更多,所以律师能不能够就中国的法治建设提出意见,这是我们的历史使命感。

我自己有时也很惭愧,坦率地说,我作为全国人大代表也好,作为常委也好,收到了不少告状信,有许多是血泪之篇,凭直觉感觉它是真实的,但是我觉得太无能为力了,有时只能够转到有关部门,有的连转有关部门也没做到。从这点来看,我应该说是有愧的。我们国家民主法治不健全可以举出很多活生生的例子来,人权受到侵犯也好,在基层受到各种不公平待遇也好,冤狱也好,律师在此应该起到比别人更多的作用,法律本身就是要解决这样的问题。这个历史责任和历史使命,我们不应该推卸,从我们的良心来说也不应该推卸。

第二个是正义感。我觉得正义感本身就是要解决是非善恶的问题。其实刑事案件无非是解决善恶的问题。我很欣赏中国人民大学青年刑法教授陈兴良的一段话,他的一本书的题记里面这么写道:“刑法学是以犯罪为研究对象的。犯罪是一种恶,因此可以说刑法学是一门研究恶的学问。正因为刑法学研究恶,才要求我们的研究者具有一定善的冲动。在刑法学的研究,通过观察与剖析则使我们更加向往与信仰‘善’。”我想这一条非常重要。学法律的、运作法律的人要有一种善恶观念,要有一种悲天悯人的情怀,要有一种拯救人们于苦难之中的情怀。所以在我们的律师收入比较高的时候,我们不要纸醉金迷,不要麻木不仁,在面对现实社会还仍有许多不公平的东西时,能多一点赤子之心。人贵有赤子之心。有时我觉得一个小孩说的话,它所体现的东西是最真诚的。

第六个问题,我是从一人公司想起的

有人可能说一人公司跟今天的讲座无关,但我想企业发展的历史很有意思。企业的发展历史从最早的独资企业,承担无限责任,经过合伙、两合公司、股份公司、有限公司乃至于最近欧洲国家、美洲、日本出现的一人公司:一个股东独资并承担有限责任。这是一个很有趣的现象。我搞公司法更多一些,这个现象有人称为“否定的否定”,却更进了一步。原来一个人出资办的企业承担无限责任,经过历史循环,两千多年易质,一个人出资的公司又变成有限责任了。当然这不是我国,而是以西方来说。有人说这是人性的高级回归。人大概还是很愿意一个人干,不愿意合伙干。虽然股份公司很高级,但是股份公司并没有多少合作,你买你的股票、我买我的股票。那么三资企业也有这个问题。听说现在外商投资,很多人不愿意搞合作、合资企业,因为跟中方搞合资、合作,扯皮的相当多,最后还不如外商独资来干。《公司法》颁布后,我们仍然面临着大量这样的问题。我们公司法现在没有规定法人独资的企业,我们现在的工商管理部门至今不登记法人独资的公司。有一次在深圳开会时,我碰到国家工商管理局的曹局长,他说法律现在不允许成立法人独资公司,那怎么办呢?那变成两个人办行不行啊?要是两个人中一人出资 99% ,另一个出资 1% 可不可以呢?这样就不存在两方共同管理了,1% 的一方无须管理。现在这种情况很多,我们却没有办法,因为法律没有禁止如此出资的情况。所以工商局决定出台一个管理办法,规定两方共同出资一方不得少于 20% 。我说这样并不能禁止,如果人家办一个三方出资的有限责任公司,一方出资 98% ,另两方各出资 1% ,可不可以呢?这样无论出台多少个管理办法也不能完全规范这类情况。法律恐怕不能明确做出规定。所以说法人独资的企业实际上根本无法禁止,也没有办法来解决。

从历史上看，合伙本身在一段时间被认为是一种非常有凝聚力的好的经营方式，合伙人都承担连带无限责任。连带无限责任好比一个绳子上拴住了几只蚱蜢，或者说大家同在上帝的诺亚方舟上，要沉一起沉。所以从理论上说，合伙应该有更大的凝聚力。我为什么要讲这个问题呢？讲这个问题是因为我深感现在的合伙律师事务所也好，以个人名字命名的律师事务所也好，国办的律师事务所也好，真正有凝聚力、大家齐心协力的也有，但是更多的是患难的时候共同挺过来了，赚了钱就吵架分开了，这样的情况我见得太多了。当然一个律师事务所的合与散也不必大惊小怪，人不能吊死在一棵树上，人也不可能永远合作在一起，分出来自己办所也没有什么了不起，这话是对的。但是确实存在这么一个问题：将来我们向更大的规模发展的时候，律师必须要有相互间的真诚合作和真正的凝聚力。有人说为什么中国人喜欢麻将，外国人喜欢桥牌，这有区别。打麻将是“只许我一个胡，不许你们三个胡”；而打桥牌讲的是对手间的配合。我来叫将让你知道，两个人的牌要沟通，对方的牌底是什么要知道，如果牌更适合你打你就打，如果牌更适合我打那我来打。如果桥牌不讲究配合、不讲究协作那是永远都打不成的。所以有人说中国人的人性是“麻将的人性”，当然这话我不知道对不对，姑妄听之吧！但是不管怎么说，它反映了一定的道理。我们现在还没有真正个人的律师事务所，但并不等于最好的律师事务所的形式都是个人的。世界各国，像日本、欧洲大陆国家，特别有名的大律师事务所并不很多，但美国特别大的律师事务所,合伙人上百人,有一二百年历史的律师事务所很多,它本身的力量非常强大,而且它自身的凝聚力也是很强的。

我觉得律师的职业本身很容易受到名和利的影响。我坦率地说,我作为教授很珍惜自己的名誉,我要来讲这堂课,我确实花了不知多少个小时来翻一些材料,没有人督促着我。我只力求一条,力求我的讲课可能被大家所接受、所欢迎,别最后说听了这堂课,白浪费了两个多小时。我想我们作为律师自发地、不需要别人来督促,都应该力求自己所做的能达到真善美这样的境界。那么,人力求完善自己事业的这种心情,往往又和自己事业心的强和弱、自己名和利上的追逐是联系在一起的,一个人事业心不强、名利心不强往往可能会无所追求。一个人如果事业心很强,我碰到过很多这样的律师,白天、晚上都一心扑在工作上,他往往也就有比较强的名和利的观念。不过在名和利这一点上,往往又是引起一个律师事务所里合伙人之间或者和其他人之间冲突的主要爆发点。国际和国内发展的趋势,必然要使我们律师事务所的规模越来越大,而规模既然越来越大,光靠几个合伙人是不能适应形势的,必然要有大型合伙律师事务所,而大型所又必然要有合伙人之间很好的合作。我们现在很多人具有很强的律师素质,但缺少管理素质,更加缺乏合作素质。我想有更高的合作素质很重要。

第七个问题，我是从罗马法的“利益风险一致原则”所想起的

这个原则很重要，也就是说利益越大风险就越大，反过来风险越大利益也就越大。如果投资比借贷利益更大的话，那么投资比借贷风险就大。如果赌彩票的利益比投资的利益更大的话，那么买彩票的风险显然就比投资的风险更大。西方有这么一句话：“股票市场造就的是百万富翁，房地产市场造就的是千万富翁，而期货市场造就的是亿万富翁。”可见期货市场里面的风险最大，它利益也就最大。我们可以从英国金融机构巴林银行的倒闭、日本大和银行期货风险中得出这个结论。泰森和霍利菲尔德比赛拳击时，大概90%的人认为泰森能赢，都买他赢的，结果却输了，谁要是买了那10%的霍利菲尔德赌注就赢了一笔。所以我想这个原则十分重要。也可以把它理解为、概括为一种代价，有多大的代价就有多大的利益，或有多大的风险，就有多大的责任。

最近看了一篇文章我很受启发，就是世界一些著名的经济学家，包括诺贝尔奖获得者，把他们高深的经济理论往往用一句通俗的话来概括，这是很了不起的。比如说凯恩斯说过两句话，一句话是“从长期看来我们都要死的”，这句话看似废话，他解释说研究经济学的人不能说“从长期看来我们经济是会好的”、“从长期看来我们国家是会富裕的”，这种话是白说，道理同“从长期看来我们都是要死的”一样。研究经济的人就要从短期来看，当前你能解决什么问题。如果

一个说“中国从长期来看一定会现代化的”，那是废话，需要的是你现在该解决什么问题，又该做些什么。所以这句话说得很深刻。他的第二句名言是“观念可以改变历史的轨迹”。另外一位著名的教授克莱恩被问到“你的经济学观点是什么”时，他说“一只看不见的手”，市场经济是一只看不见的手。耶鲁大学得了诺贝尔奖金的托宾教授这样概括他的经济学观点：“不能把所有的鸡蛋放入一个篮子里。”就是说风险不能集中。得过诺贝尔奖金的休尔斯教授是这么说的：“我无非是论证了‘有钱投入于人身上比投入机器身上更有效率’。”有一位被人们称为“诺贝尔中的诺贝尔”的弗里德曼教授说：“我们的经济学理论用一句话表述——天下哪有白吃的午餐？”他解释说，现在有些人希望坐地铁很便宜、医疗保险能够很好，退休金又可以很高，但不想付很高的税。天下哪有白吃的午餐呢？你总是要付出代价的。我想我们也有这样的情况，希望不通货膨胀，又希望没有失业，又希望金融环境很宽松，有人希望拿资本主义的工资干社会主义的活儿，哪有这么好的事？工资拿得那么高，上班又能打牌，这可能吗？所以这句话说得很有意思，世界上没有白吃的午餐，都要付出一些代价。你付出多少价值很可能得到相应的东西。实际上这就说明了“鱼与熊掌不能兼得”的道理。对于我们来说这无非是三个“一致”：权利和义务的一致、利益和风险的一致、代价和责任的一致。对方付给你多大代价，你就应当承担多大责任。罗马法中规定，如果我作为保管人保管你的东西，到底要我承担多大的责任就要看我的代价大小。比如你放了一件皮大衣存在我家,如是无报酬的,那我只负保管自己衣服同等注意的义务。你的皮大衣烂了,我的皮大衣同样情况也会烂掉,那对不住,我也不赔你了,谁叫我是“马大哈”呢,没注意皮衣的保管;可要是我收你的钱,替你保管你的皮大衣,即使我的皮大衣也烂了,也得赔你的大衣,因为我收了你的钱,这就是具有了一个善良管理人的义务,就必须有一个专业经营这项业务的人应有的注意,要尽到最大的责任。所以这种代价和责任是应该一致的。对于我们律师来说,这一点也非常重要。

1984 年我们随司法部代表团到欧洲去考察。到德国,当时我们了解到一个很奇怪的现象:德国规定律师收费低了不行,如果低了的话就是不正当竞争;但收高了可以,收高了,人家不愿意可以找别人去。你收费 20 个小时,别人那儿收 15 个小时了,他又不做,那我当然可以找收费低的。所以在市场经济下,不在于费用的高低;而在于高收费的,你是不是负担了相应的责任,或者你尽了相应的义务,或者你承担了相应的风险。所以我认为,律师要建立义务、风险和责任的制度。高报酬要有高义务,高报酬要有高风险,高报酬要有高责任。所谓义务就是你服务的内容要具体化。我们现在不是讲承诺吗?所谓“承诺”也就是义务的具体化。风险就是要赔偿,由于律师的过错给当事人造成损失,应该有赔偿的制度。所谓责任就是无限责任,合伙本身就是无限责任,你应该承担的是这样一个责任。现在很多美国律师事务所已经把无限责任有限化了。所谓无限责任有限化,有的是变成有限公司了,现在已经出现一些了,也有些实际上是通过保险的办法,解决了这个问题。我想在这个问题上,我们要靠律师自己的信誉和服务的质量来吸引客户。最近我们在评律师职称的时候,我们感觉到律师职称评定和我们的学校教授职称评定有着很大的不同。大概律师不太注意职称的评定吧。律师评级让世界各国的内行听了很奇怪,说你们中国怎么还有评级呀?还要评什么教授级的。我想这个道理非常重要。你哪怕没有评任何级,你被社会所承认,你的信誉和服务质量被社会所承认,人们都愿意来找你当律师,你不是一级也是一级了。如果你评了一级,你没有那么大的本事,评上了还没人来找你,吃也吃不饱,服务质量不够高,管什么用呢?所以,我想我们不要过多地看重职称,要的是名誉和服务质量。一个人,一个所,一个企业,其声誉是靠长期的服务实践形成的。我们认同一个老字号、一个老企业、一个名医、一个名教授,其也是靠长期的优质服务得到的信誉。对于我们律师来说,这一点非常重要。绝不能够只靠一件案子成名,律师不能和作家相比。如果一个作家写了一本小说,以后再也没有了,至少他还写出了一本有名的小说吧。如果一个律师办了一件有名的案件,你有名了,但是,其他的一些案件,你搞的都很不符合质量,那么实际上你的名声也不会存在。我知道一些律师,曾经名噪一时,但现在也不怎么样了。我看重要的就在于能不能持久地以自己的服务来保持信誉。

第八个问题，是从美国的前总统卡特的一句话想到的

我们知道卡特曾经说过一句话，这句话几乎被每一本论述美国律师制度的书所采用。他说："我们拥有世界上最多的律师，但不能说我们拥有正义最多。"这话出自一个美国总统之口，应该说敢于揭露自己的不足吧。我想，美国人自己都承认，律师多并不表示正义和公平就多。这句话对我们也有很大的启发。前车之覆，后车之鉴。我们是不是将来有越来越多的律师，随之而来的就是有越来越多的社会的公平和正义呢？我们的律师制度，如果从 1978 年、1979 年恢复时算起，也还不到 20 年的历史，比美国的 200 多年少多了，更不用说有些国家更早了。那么，美国为何对于律师有这样的一些不好的评价呢？主要是它的收费昂贵，贪婪近利，缺乏诚实，人多为患，自私自利，不为当事人着想。我想这一点值得我们深思。律师本身，并不在有多高的学位，并不是说博士或者说是学位，一定是律师追求的目标。我们最近有一次到澳大利亚开会，澳大利亚人说他们那里没什么人考博士。为什么呢？他说要当律师的话，必须是本科毕业。如果你拿到了个博士学位，拿到了个硕士学位，没有经过律师本科毕业，你也必须回过头来重新学习法律本科，才能当律师。也就是说作为律师要求他是一个通才，各方面的法律知识都应该学到，而并不是像博士那样，在某一个问题上非常精。博士，不是博学多识，而是精识，你在某一个问题上有非常独到的见解，写出一本 30～40 万字的书来，这是你的精辟

之见。

所以,对于律师来说,无非是从两个质上看,一个是素质,另一个是气质。我所讲的素质是多一点哲人的素质。哲人是什么概念呢?哲人就是智者,凭智慧来启迪人,而不是法律贩子,靠倒卖法律知识、靠一点点的法律技巧来赚钱,这一点我觉得非常重要。你是点拨人家,而不是靠着他的愚昧,靠着他的法盲来赚钱。如果我们是靠众多的法盲,突出我们的法律知识和法律技巧来赚钱,这一点不符合我们承担的社会义务。你在尽到法律服务的时候,要给人更多的法律知识。哲人的特点就是忧国忧民,以天下为己任,眼光远大,而不是为了一些蝇头小利,不顾人格趋炎附势;哲人的特点就是要正当地、堂堂正正地做人,不搞尔虞我诈的小动作。我希望我们的律师要保持一个智者的素质。

气质是什么概念呢?对于律师来说,就是要做学者型的律师。我并不是说学者怎么样,请大家不要误解。我所说的学者的气质,讲的是要有严谨的学风,要有严谨的法律知识和作风,而不是一知半解,信口开河,夸夸其谈,不懂装懂。我觉得学者型的律师,更是指要有不断学习的精神。法律知识更新非常快,甚至我可以说比自然科学要快得多,有许多领域我们现在都不了解,比如说期货、票据等,我们有多少人懂得很多呢?连教授、老师都有这个感觉,我们现在法律发展之快,学都学不过来。所以,律师应该有一种真正的紧迫感和危机感。

我遇到过不少的律师,常常讲到这种危机感,觉得自己的外语不行，搞一些国际项目怎么办？好多东西不知道，新的知识没有学到，新的法律出来了还没有机会学。我想，这样的一些人，是真正体会了律师这种危机、紧迫的感觉。去年，我在哥伦比亚大学开会遇到了君合律师事务所的肖微（他是全国十佳律师），他已经去了一年了，这一年他要修六七门课的学分，还要写一篇英文论文，而且在那次会上他要用英文来讲演。他已经取得了这样的成就，还仍然感觉到自己的不足，还希望能够学到更多的东西，这种精神我觉得是真正的敬业精神。但是，我们的律师里面也有一些人安于现状。有一些人说我忙到现在甭说读书，连看报的时间都没有。我想，如果我们作为律师，连报纸都不看，连书也都不读，用不了多久就要被淘汰。有些人满足于现有的客户，满足于现有的这点知识，就像当年说的三十亩地一头牛，按现在的话说是三室两厅一辆车。在激烈竞争的今天，我们应该有紧迫感。我们现在的律师占据比较优势的地位。因为在我们国家恢复了律师制度之后，你们是先来者，其中有一些1978年、1979年、1980年毕业的，现在可能都是佼佼者。我常常对我们现在入学的同学讲，我们现在是后来者，有劣势。现在你们如果挤入律师行业里面，好多的地位已被人占据得牢牢的了。但是，又怎么不能够设想后来者居上呢？后来者居上也是一条规律啊！俄罗斯有句格言我很赞赏，就是谁笑到最后，谁笑得最好。我想，在我们竞争的过程中，现在你笑得好，恐怕还不是笑得最好的人。能够成为最后笑得好的人，你需要有更多的知识、经验，还要不断在其他方面完善自己。

在我们学校1979届的学生十年返校的时候，他们让我说几句话，我当时说了这么一段话，我自己认为还是有必要献给我们在座的北京律师：如果我们今天要论英雄的话，我说莫以官高论英雄，莫以钱多论英雄。现在在世界上，在我们的社会里面，一个钱，一个官，这可能是最迷人的。在历史赋予我们使命的今天，我们能不能够对得起社会赋予我们的使命和责任，在我们的民主和法治建设上，我们律师看到了什么样的责任，我们自己做人是不是做得好，以这个论我们的英雄。

北京律师协会

1997年

为权利而斗争的中国律师

——漫谈律师形象与使命

非常高兴有机会跟天津的律师谈谈律师形象与使命这个话题。

我是以一名教授的身份与大家漫谈。北京的律师让我讲的时候,我是抱着诚惶诚恐的心情,但是最后还是经受不住诱惑,因为这个题目实在是太有意思了。第一次报告后全国的部分报刊予以了刊载,如果再讲会觉得索然无味,所以这一次来天津我把第一次的内容全部推翻——除了个别材料用一用,以表示我对天津律师的尊重。我本人虽然有律师资格,但是我主要不是做律师,而主要是搞教学工作包括一些疑难案件的法律咨询。而今天的报告又不能做成一个生硬说教式的报告,所以我想的题目是"漫谈律师形象和使命",我从五个方面来谈一谈。

第一方面　律师职业的两重性

第一个方面是律师职业的两重性。为什么首先选这个地方切题插入呢?每个人从事一个职业时,必须首先了解所从事职业的特征。律师必须了解自己的职业特征，只有了解了职业特征才能从理性上把握好，如果连从事这项职业的特征都掌握不好，那从事这个职业就是盲目的、感性的。律师作为高级智力工作者，必须有一个高度的理性认识，有一个从感性到理性的认识。怎样从理性上做好这个工作，讲到这我想起上次在北京的讲座，我记得我以两个例子来插入。一个是外国律师升入天堂的例子：圣彼得长官教堂是升入天堂的大门，神父、医生、教师进入天堂都很顺利，那么律师进入天堂就物以罕为贵。我想这是美国人讽刺律师的形象，律师在美国的形象不太好，或者美国人对律师的总体印象不太好。去年三月到梵蒂冈，进入圣彼得大教堂门口有一个很大的雕像，是一个神职人员拿了一把钥匙，我就问意大利朋友，这是什么人。他说这就是著名的圣彼得——耶稣的大弟子，手中拿的钥匙就是开启升入天堂大门的钥匙。所以对圣彼得这个人来说，他管着人死后谁能进入天堂，耶稣全权授权给他，由他来掌握谁有资格进入天堂的大门。引用的另外一个例子，就是马来西亚总理马哈蒂尔曾经说过的一句话，治国最好的人是医生，而不是律师，因为医生首先能够了解病情，病症摆出来，然后寻找治好病的方法。而律师是为人服务的，所以拿了人的钱，总要为人去论证，哪怕他有了罪也要论证他无罪。当然我举这个例子是说明律师和医生不同的地方，今天我想从医生和律师共同的地方及结合律师职业的两重性来做一个深入的分析或者说做一个探讨。

如果你要问外国人，律师和医生有什么一样的地方，美国人就会回答你,律师和医生在美国都是收入最高的职业、是人们羡慕的两个职业。如果你要问欧洲人,律师和医生有什么一样的地方,欧洲人会回答你,律师和医生都是最古老的两个职业。最早的欧洲大学里,除了神学院以外,设立的就是法学和医学,应该说这是最古老的两门学科。所以到现在欧洲人学法律和学医学都要学拉丁文。我在莫斯科大学学习过五年,还学了些拉丁文。为什么学法律的必须学拉丁文?因为欧洲大陆国家的法学渊源是从罗马法来的,罗马法是拉丁文。医生开药方要用拉丁文,法国人、德国人看了这药方都认得,也都知道。如果从他们之间的方法论来看也有点类似。我们知道,学法律、做律师的人很多都要从判例来研究法律。英美是判例法国家,大陆法系国家也要研究判例,也要从判例来研究法律的道理,我们律师也是经常要研究判例。而医生是要研究某一个病例,某一个具体的病案,这个病治愈成功在哪里,失败在哪里,开的药方对还是不对。如果从职业的宗旨看,我觉得也有一个共同的东西:我们知道医生是救死扶伤,那么律师应该说是救弱扶贫,对于弱小的需要法律帮助的人给予援助。在这个意义上说,把它叫作救死扶伤也好,把它叫作救贫扶弱也罢,这个贫和弱是指在法律知识方面的贫弱,当然在某种意义上也可能包括在经济力量方面的贫和弱。从世界各国来说,还对医生和律师做了另外一个比喻,就是这两个都是涉及人命的职业,医生可以把人从死亡的边缘里面救出来,律师可以把一个人从死亡的边缘拉出来,从这个意义上来说他涉及一个人的生命、健康、幸福。我想这样的一个比喻,也可以说明,律师和医生之间的这样一个共同点。

而我所要讲的是律师和医生都有一个职业的双重性问题。什么叫职业的双重性,就是他们从事的职业本身具有一个方面的特点,就是他们都是为社会服务、为公众服务的;但是,他们又都有一个为自己工作、为自己执业获得收入的特点。从医生私人角度来说,他希望病人越多越好,而且希望病人越重越好,得病的越重到他那去看病,收入就越高。但是从他的社会职责、社会功德来说,他恰恰是要把人的病治好,病人是越少越好,大家都健康,没一个人生病,是他的工作目的,是他的社会职责,是他的良心所在,这是一个巨大的矛盾。

作为律师来说有没有这个问题呢?我想作为律师也有这个矛盾,从社会公德来看,我们希望法律越健全、越完善、越严谨越好,法律越完善,纠纷就少多了,就没有多少纠纷了,法治健全了,法制极端完善了,到那个时候不能说一个官司没有了,终究会少了;那么对律师来说,相对失业了,或者说相对需要的人比较少了,所以从这个意义说,律师的律德、法德,不能希望有更多的顾客咨询而去做违反自己的法律良心、道德良心的事情。我们不能为了从事法律咨询服务,有人来咨询怎么能够杀了人而不被侦破,我们的律师就告诉他侦察方法及如何躲避而不被侦破。我们总不能够去告诉当事人现在怎么能够赚大钱又能够避税,我们总不能教唆他登记一个注册公司而实际上一分钱都不用交出来。但是这个问题有没有呢?律师界里有没有这种情况呢?我很难说绝对没有。当然我相信教人用什么方法去杀人的大概可以保证没有,但是告诉当事人如何逃避税收、注册登记时可以不缴纳注册资本不是完全没有吧！古代有位著名的哲学家叫韩非子,他说卖药的人总希望人多生病,卖棺材的人总希望人多死。我看也是这个意思。但是卖药的人希望人得病,卖棺材的人希望人多死,他们是商人啊！商人当然是要追求利益,医生和卖药的,在这点上来说有本质的不同,卖药的人他是一个商人,而医生本身并不是商人。我们要看到律师不是商人,特别强调律师职业的非商业化的性质。虽然我们在市场经济里面要具有商业的头脑,我们不反对律师要有商业的头脑,市场经济里任何一个人包括医生、律师没有商业头脑,那是一个糊涂人,但是绝对不能纯商业化了,纯粹以营利为目的。

1875 年,在美国律师协会第一次会议上美国的一位著名的律师吉尔顿有一句名言,他说:“先生们,毋庸置疑,我们中间的任何一个人,都不可能看不到这样的一个事实,就是在本世纪的最后的二十五年里,我们律师的地位、培训、教育和道德都存在严重的衰落趋向,该协会所要做的第一件工作,就是把律师职业提高到更高、更好的水准。如果律师事务所仅仅变成一种挣钱的方法,一种尽可能方便而又甘冒任何风险的挣钱方法,那么律师就堕落了。如果律师事务所仅仅是一个试图打赢官司,并且通过向司法机关走后门儿打赢官司的机构,那么这一机构不仅堕落而且腐败了。”听了这句话之后,我感到很震动,我想这里面他指出了几个问题。

第一,律师道德衰落的趋向就是一味商业化,一味追求挣钱,挣钱是唯一的目的。我想我们在市场经济下,绝不能把挣钱和人格作为两个对立的东西。但是它们又有对立的一面:挣钱越多,人格和道德的东西就衰落了,那么甚至钱越多,友谊就越少。在北京有的律师办的律师事务所,开始的时候合作得很好,大家志同道合,钱一多了就散伙了,就分手了。我就赠他们一句话,我说你们只可以共患难不可以共安乐,患难的时候大家努力干,钱多了,你分多,我分少,吵得不可开交,最后散伙。我想这个问题从美国这位律师的讲话里面就已经提出来了,这个问题就是说现在的道德存在严重的衰落趋向,就是他把律师事务所变成了一种单纯的挣钱的方法,自己变成了商人,把医生等同于一个卖药的。

第二,他这一段里有一个很重要的内容,就是律师事务所变成了一种挣钱的方法,一种尽可能方便而又甘冒任何风险的挣钱方法。律师的挣钱方法是方便一些,不需要投什么资,要办一个公司还要最低注册资本。那么律师事务所现在还有点电脑什么,过去叫律师间、律师楼,律师间就是一间房子,一部电话。律师凭的是脑袋里面的知识,凭的是自己的经验在办案。甚至租个房子,自己有个房子,用很少的钱,就能够办起一家律师事务所。但如果甘冒任何风险那就是不择手段了,所以第二个危险就是作为律师来说甘冒亵渎法律的危险,说轻一点可能是甘冒规避法律的危险。从我们民法来说规避法律还不算了不得的事,但是你要亵渎了法律,甚至本身就违反了法律,那这个问题就复杂了。

第三,金钱为上。如果仅仅为了金钱而不择手段,那么他就堕落了,这就是刚才我讲的职业的两重矛盾问题。司机为了多赚钱可以故意载客多绕路,律师也可以为了多赚钱在法律上多绕路。我曾说过律师有一个服务之道,有一个治国之道。服务之道是如何为当事人来服务,他给我钱,我给他服务,是单纯的金钱服务关系。治国之道是用法律来维护社会的尊严,来维护社会的正义公平,那么,我们把为自己的当事人服务好视为是必要的,但如果把这个凌驾在我们为社会所尽的义务之上,那就是错误的。

第四,为了打赢官司,向司法机关走后门,这样一来就不仅堕落而且腐败了。我想这句话在今天听起来也应该说是非常亲切、现实的,具有警钟的作用。法院经常爱谈这个问题,说法院的腐败是律师引导的,律师勾引我们的。一些律师说,我们现在真是麻烦,天天得应酬法院的或者其他的一些人,我都腻了,都烦了,可是中国的现状,不请客、不招待、不上卡拉 OK 或去歌舞厅就办不成事。到底是谁勾引谁啊!我只能说律师为什么要找他呢,法院手中有权啊——裁判权、审判权、司法权,律师手中有什么东西啊,律师没权,但是有钱,律师不拿自己的钱,是当事人的钱。我想现在的钱权交易在司法界里面,也无非是律师用当事人的钱来和法官手中的也不是法官自己的权,而是国家的审判权来做交易。钱、权交易在其他的场合里面如在工商局、税务局可能是另外一种形式。司法界现在最危险的是这个问题。现在中政委决定对国家司法机关腐败现象采取严厉的措施。我看今天该提醒我们注意这个问题了。

近年来,全国人大会议在审议最高人民法院和最高人民检察院的工作报告时,投票中的反对票、弃权票数量不小,而且年年增多,反映了人们对司法腐败的不满。如果真的到了工作报告通不过时,该怎么办呢?这在现今法律中都未有规定。十年来一直在制定监督法,最早监督法草案里面写的是如果要是哪一个部门所作报告在人大会议上通不过负责人就应该主动辞职;但是也有人主张再给他一次机会,第二次再作一次,第二次还通不过的话,该辞职了。我想一次通不过还有什么脸皮在那啊!我想人民对于法院和检察院的不满,说透了就是腐败问题。我们律师在里面起到多少作用呢?这个板子打到那,有多少要打到律师的身上呢?当然律师很难说他有什么错,他顶多是行贿,律师本身没有贪污,律师是自由职业者并不是利用国家权力,当然没有这个问题。但是在这里面我们到底起到了什么样的作用?我曾经开玩笑地说过,世界各地没有听说过枪毙一个法官的事,这恐怕从来没有过的。美国、英国历史上有因法官贪赃枉法把法官枪毙的吗?恐怕没有吧。法官的形象不允许人枪毙,没枪毙之前最好把他先换了。我说中国可能要创造世界上的奇迹,枪毙几个法官,判处法官死刑了,可能世界要为之震动了。中国腐败已经腐败到法官了,法院都已经这样了——当然我谈到枪毙法官大家鼓掌,如果讲枪毙律师,就不知道大家鼓不鼓掌了,当然枪毙律师的可能性就小了,他的地位与法官不一样。前些年,我去秘鲁参加一个会,在秘鲁的利马开的拉丁美洲第九届罗马法大会，在那次会议上我对他们争论的一个问题，非常感兴趣。争论什么问题呢？争论罗马法里面的保民官，我看他们争论得很激烈，就问一个懂英文的人，争论什么问题呢？他讲争论的是现在在拉丁美洲国家，怎么对待罗马法的保民官，这个官到底怎么样、起什么作用、现在还要不要。最近我读了商务印书馆出的一本书，叫《罗马帝国兴亡史》，从里面得到了一些关于保民官的信息。罗马在共和国时期的国家大概有三个官，第一是执政官，相当于咱们的行政官员，执政人不多，第一执政、第二执政，执政相当于总理；第二是裁判官，也就是司法官，裁判官权力通过法院的判决行使；第三是保民官。这个显然就跟我们古代不一样了，我们古代裁判官行政官是一回事，大概没这个保民官。这个保民官性质是什么，《罗马帝国兴亡史》里面讲到罗马帝国的保民官从各方面讲都跟执政官不一样，保民官的外貌谨慎、谦虚，为人是神圣不可侵犯的，他们掌握的权力主要是为了反对，他不像行政官做出各种决议，主要是为了反对而不是主动采取行动。按规定他们的责任是维护被压迫者的利益，赦免某些罪行，在他们认为必要的时候，只需要一句话就可以停止政府的一切活动。保民官一共有十个人，有了保民官的存在就可以约束政府的权力，也可以限制法官权力的滥用。所以现在看起来，罗马国家也有权力制约的机制，这三权是行政权力、司法权力和保民官的权力。行政权力滥用了，保民官可以约束制衡；法官如果滥用了权力，保民官也可以保护公民。保民官是政府官员，政府设的保民官，那就意味着他说话算数的，他认为这样做侵犯了哪怕是奴隶的或者其他平民的权利，他也可以出来说话。

罗马法这种保民官的形象，保民官的这种职责，在我们现代社会是谁来行使呢？我对照了一下，我看更像咱们律师应该做的。律师的作用，一个是对行政权力滥用的一种制衡，另外一个就是通过承办刑事案件、民事案件和其他业务来体现——当然我们律师的人数不像罗马保民官那样只有十个人，另外我们也不是官，不是公职的官。所以后来我曾经问过他们，我说现在拉丁美洲国家有没有设立这种保民官的，他们说个别的地方似乎还保留着。由此我就想到我在苏联学习的时候，老一点的律师同志还记得50年代咱们的检察学院学苏联的检察制度，其中就有一个叫作一般监督。在座的知道不知道什么叫一般监督？一般监督就是检察院可以管到一般的老百姓，任何一个人由于政府人员违反了法律而受到权利侵犯时都可以被监督到。一般监督是无所不包的监督，什么都管，但是可惜苏联检察院的一般监督没有很好地搞起来，到维辛斯基当总检察长的时候抓反对派，把反对斯大林的人都抓起来枪毙了，还说什么保民啊。我们国家1957年以后也就不再搞一般监督了。那么一个国家总有这样的问题，公民的权利受到侵犯后，法人、自然人的权利受到侵犯以后怎么办呢？所以我觉得从这个意义上来说，从我们国家来看，律师本身的作用，他应该是具有这样一个社会职责的公职，有这样一个使命存在。这是我讲的第一个问题。

第二方面　挑战权力

第二个问题,我想讲一讲挑战权力。为什么要讲挑战权力?我觉得律师的真正的全部的工作是挑战权力,这个权力包括了行政机关的权力和司法机关的权力。说的软一点就是制衡权力,用词尖锐一点就是挑战权力。因此对于律师的素质来说既然有这个使命,就要有一个挑战权力的勇气。刚才我讲了任何的一个社会里面都有一个权力制衡的问题,自然界里面有一个生态平衡,国家和社会也有一个平衡。我曾经在日本召开的国际法社会学大会上,做了一个主题发言,就是论国家与社会。我说社会主义国家从苏联起到现在八十多年历史,总结起来有一个很大的历史教训,是社会主义国家过分地强调国家的权力,而忽视了社会自身的作用,忽视了社会自身的自治的功能,似乎国家无所不包、无所不能、无所不干预,一切都靠国家来干预。企业没有自治,本来社会上的生产、分配、流通、消费完全是企业自己的事,现在国家把一切都管起来,本来社会很重要的是家庭的职能,现在把家庭生活、吃饭食堂都管起来。我们过分地强调了国家的权力,而忽视了社会自身的自治的功能、按照社会自己的规律来活动的职能,这个教训是很大的。

国家和社会也存在一个权力制衡的问题,西方国家的三权分立,那是他们的事,我们中国可以不采用但也用不着去批判。大家注意没有,我们过去批判三权分立,但是仍要承认权力的分工和制约是完全正确的,如果我们从国家的角度来看，国家仍然是有国家的立法权、国家的审判权、国家的行政权、国家的检察权的分工和制约，那么我们律师制度在国家、在社会所起的作用是什么？是给你一个饭碗，给你一个职业，给你一个就业的机会呢；还是在社会中起到制衡的作用？这个作用，就是你的社会价值，即社会存在的价值。如果我们现在为了安排更多的人就业，来个十万个律师就业减少失业的压力，那只是个就业的观念。我们可以说，权力制衡是民主社会不可缺少的东西，它也是一个国家民主制度、法治建设是否完善的一个标志、尺度和试金石。律师的制衡是通过一种民间的力量去制衡。我们现在的监督，光靠全国人大的监督、地方人大的监督、各级人大的监督，监督很重要的一个东西是要民间监督、舆论监督。作为一个民间的力量、社会的监督力量，律师是不可缺少的一部分。所以世界各国都把律师包括律师的制度、律师职业看作社会民主制度的捍卫者，我想这里所讲的民主制度的捍卫者，也就是指当我们公民的权利被行政机关、司法机关侵犯时他所应该起到的作用。每一个职业都有他的使命和存在价值，必须把自己放进这一个职业的范畴里面，确定了自己的社会地位、社会角色，才能够体现出他的价值。

一百年以前，美国有一个著名的律师叫做布赖斯爵士，他发现从职业整体来看，律师事务所的公共责任感和公共影响存在衰落趋向，他把这样一种趋向的原因主要归结为律师事务所没有能力或者不愿意处理当时的政治和社会的问题。社会总有不少当时敏感、复杂的政治和社会问题，老百姓要求急迫、需要解决的问题,也是律师最要解决的问题。律师要在这方面真正地起一点社会制约作用,能够起到一些制衡的作用,但是律师事务所恰恰最不愿意做这种事情。我们现在也有许多律师所最愿意干大公司的法律顾问,钱拿的多,矛盾也少,审查审查诉状,审查审查合同,审查审查投资;而对社会尖锐复杂的问题不愿意去干。布赖斯发现美国人比他们的英国同胞更保守,而且比他们自己的过去还要保守,比林肯做律师的那一代更保守,林肯那一代做律师的时候能够为奴隶的解放、黑人的自由而呼吁,最后被枪杀。那一代的律师所处的年代说起来是为了美国的黑人争取自由斗争的年代。

一个人受社会尊重的程度,主要是取决于他的职业在社会政治、经济生活中所起的作用,他能不能够解决人民群众迫切需要解决的问题,能不能对社会给予推动、作为社会进步的推动力,而不是在于你挣钱的多少。所以我常常说律师是一天到晚和人打交道的,和各个层次的人打交道的,包括罪犯,包括死刑犯,律师应该是更了解人民的脉搏、人民的需求的。

布赖斯接着说,英国律师在寻求法律改革方面起着主导作用,而美国律师却没有起到这样的作用。这是一百多年以前的这位美国律师在批评自己的形象、在反省自己的时候说的话。我常常想一个人的进步在于能够时刻反省自己,知道自己有哪些不足、有哪些缺陷、有哪些需要改进,一个职业的进步也在于要不断反省自己。律师职业的完善一定要不断地反省自己,不仅要看自己取得了哪些成绩,还要看有哪些不足、哪些需要做。我想一百多年前美国律师自己批评自己的时候,无非就是一句话,就是律师越来越失去他的历史的和社会的使命感,变成了只是关心自己利益的集团了。

二十年以后,又一位美国的著名律师路易斯·布兰特进一步发挥了布赖斯的观点。他说:实际情况是目前律师没有取得他在七十五年前或者五十年前已经获得的具有人格的地位,其原因并不是缺乏机遇,也不是没有机会,而是在于有才能的律师没有获取财富和人格之间的独立地位;并且为了制约两者任何一方面的不平衡,在更大程度上他们允许自己变成了大财团的附庸即金钱的附庸,忽略了自己利用权力来保护人民的义务。

为什么要引用这一段话,我是觉得一个资本主义国家的律师在指出问题时还一再提到人民律师、人民利益、保护人民义务,而且他提出了一个很重要的东西,就是律师怎么样获取财富和人格之间的独立地位。我想财富和人格就是我刚才讲的双重矛盾,这就是律师职业自身存在的两个矛盾。今天摆在我们大部分律师面前的不是生存基础的财富,当然少部分律师还在为了争取温饱而斗争,甚至有的还在为了争取生存而斗争。我想我们作为一个一般的律师,我们的财富问题,已经没有什么太大的问题,但是财富的问题跟人格的问题,这两个问题如何取得平衡,如何摆正两者之间关系,这个很重要。

我请大家注意财团律师和人民律师是什么概念,财团律师准确来说就是公司律师,公司律师在我们今天就是给企业当法律顾问,当然我们现在跟他们不一样,他那个公司是私人企业的、私人财团的,我们企业不仅如此。我不是从这个角度来说为谁服务——为国有企业、为私人企业法律服务都一样,都没有不光彩的地方——而是说对做咨询服务工作和出庭工作这两者应有一个正确的认识。我们知道英国的律师制度是把这两种律师分开的,出庭的律师过去译成大律师,只有他才能出庭,只有他才能为当事人在诉讼中辩护;另一种非出庭的小律师,这一部分人无非是给公司企业做法律设计、审查等工作。最近我听到一些律师的反映,现在有很多律师都不愿意做出庭工作了,觉得出庭太难,要找法院又要找关系,太麻烦,而且有的刑事案件才那么一点钱更不愿意干了。我还听到的反馈信息是,办刑事案件太危险了,还可能被抓起来;如果要是一般的刑事案件还不容易被抓起来,要是介入侦查程序,危险更大就更不愿意干了。打诉讼官司要打经济案件,经济案件要打标的金额高的,一般的民事案件、离婚案件不愿意打,刑事案件除非是死刑保一条命多少钱愿意打。这样一来有名的律师、有才能的律师都愿意去干非诉讼案件了。我不是说非诉讼案件不好,我们的公司也需要很多法律顾问,如做金融的、做外贸的、做项目设计的、做股份制改组的。但是这种倾向不好,这种倾向在美国人说来就是为了一位大公司大财团来服务而不愿意为老百姓的利益服务。按他们概括就是这句话,都愿意做财团律师,不愿意做人民律师,所以我想在这一点上我们应该摆好这个关系。

如何来看待律师这一职业和律师事务所这一职业组织呢？美国的这位布兰特斯律师是这么说的，他说如果没有同时搞清法律职业自身以及职业组织的性质，那么就不可能解决公众利益问题。他用三种标准来看待一个职业。首先，"职业是指相称的知识者有预先必要的训练，它不同于纯粹技术的知识和一定程序的学问"。我们现在的律师队伍里面绝大部分都是经过专门的职业知识和技能的训练的，其他即便没有经过专门训练也是经过多年的实践早已熟悉法律业务。其次，"职业主要是为了他人而不是为了个人从事这一活动"，这就是我讲的职业是一个社会职能，职业是一个社会分工，职业不是一个人的饭碗的问题，职业是一个社会存在的需要，我想这一点他提得比较深刻。我曾经说过，一个职业的形象是由从事这个职业的每一个人的形象逐渐加起来而形成的。现在我听说一些民间机构做过职业性向的调查，据说第一个形象好的是科学家，第二个是教授，我觉得多做一些这样的民意调查有好处。一个职业的形象是由每一个从事这一职业的人加起来形成的，如果每个从事这一职业的人都不注意自己的形象，那么这个职业的形象就坏了。第三个，他说"职业金钱报酬的数额不是执业者成功的既定标准"。职业当然要有金钱收入报酬，谁也不是不食人间烟火，律师要靠服务收费生活、养活家人，这无可非议，但是职业不以你收入的报酬作为你成功的既定标准，不能说赚钱多了就是成功的律师，收入越高就越成功，所以我们有一些收入不高但对社会贡献大的律师,大可以不必为自己是否成功而羡慕那些收入很高的律师。我在政法大学第一届毕业生十年返校的时候,我讲到,我们第一届的毕业生毕业十年了,现在变化很大,本来在学校都是一样的,现在有官升得很高的了,有的律师钱赚得很多了。我奉劝你们一句话,三国时期曹操和刘备青梅煮酒论英雄,曹操说天下的英雄惟使君与操耳,我们两人是英雄别的都不是英雄。那么我们当今在律师或者在其他行业里面,以什么来论英雄呢?我说我只奉劝你们两句话,不以钱多论英雄,不以官高论英雄。

四百年前,英国有一位著名的哲学家培根,做过英国的大法官,也做过总检察长,又是哲学家、思想家,他说的一句话是世界许多法官、学习法律的人必须懂得的一句话,也叫作至理名言,他说:“一次不公正的裁判其恶果胜过十次犯罪,因为犯罪是无视法律,好比污染了水流,而不公正的裁判则毁坏法律,好比污染了水源。”这对法官敲了警钟,当然大家听了觉得这是法官的事不是我律师的事,但是律师也涉及公正不公正的问题。这段名言为什么出自一个法官之口又是每一个法官都应当牢牢记住的箴言呢?我想它包含了三层意思:第一层意思就是一个不公正的裁判,也是一次犯罪,甚至于比犯罪还要厉害。犯罪是无视法律,法官的错判误判也是违反法律,从这个意义上说一个不公正的裁判就是犯罪,它本身就破坏了法律。第二层意思就是法官破坏法律的影响,要比一个犯罪破坏法律的影响要大得多。一个罪犯偷了一个东西,破坏法律的只不过是他一个人,而法官的不公正裁判使得法律的整个理解和执行出错,他涉及法律的尊严,执法者的违法要罪加一等。第三层意思,法官是执法的最后一道屏障,是法律能否得到公正体现的最后一道屏障,是法律尊严公正的最后的保护神,他如果破坏了法律,那么就会比一般人更危险。我很欣赏他用污染水流和污染水源来加以比喻。如果我们今天把培根的话再进一步来说,法官作出了一个不公正的裁判,而这个不公正的裁判是为了用他手中的裁判权来换取金钱,那就不是污染水源,而是在水源上放毒。人民对法律公正的希望寄存于法官公正裁判的形象,如果这个形象被腐蚀了,那么老百姓对法律就要失望了。因此律师能够挑战权力,第一要有挑战的勇气,第二要有真正的律师的独立地位,才能够挑战,如果依附于行政机关,依附于一个组织,完全依靠着他人才能混这碗饭吃,那我看就无法来挑战权力。

第三方面　为权利而斗争

那么第三个问题呢,我讲为权利而斗争。一百多年前德国有一位著名的法学家,叫作耶林,耶林写过一本小册子字数不多,但是这本书的名影响之大是法学界都知道的,书名就是《为权利而斗争》。我觉得我们现在作为律师来说要非常明确的一点就是要坚定为权利而斗争这个概念。

首先我想跟律师说说权利与义务的关系。十几年以前民法通则起草的时候大家对第五章的名称发生了争论,现在的第五章的题目,写的是民事权利,但是当时就有人反对这样的提法。马克思不是讲了，权利和义务是一致的，为什么民法通则里面只写民事权利而不写民事义务。所以有人主张把第五章的题目改为“民事权利与民事义务”。表面上听起来很有道理，权利义务都有嘛，买卖合同里面有民事权利又有民事义务，为什么你只写民事权利啊，但是最后第五章仍然用了“民事权利”。请大家不要小看这两个字，这说明我们民法体现的是现代法律的精神，这种精神就是民事权利，就是权利本位。我们不能够以一种意识形态的眼光来认识，认为权利是索取、义务是奉献，认为如果我们多强调义务大家就可以多奉献一点、少要一点。如果你天天讲权利、讲人权，那不就天天老要自己的权利吗？天天去为权利而斗争去了，那国家就要麻烦了。我们应该承认，尤其我们搞市场经济以后，市场经济的利益在法律上就是权利，市场经济就是权利为本位，在市场经济下不管经济活动、政治活动、经济基础、上层领域都要重视人的权利——人权。我看，是不是重视人的权利，这是我们国家根本的一个问题。在各个领域，如果每个人都了解了法律赋予他的权利和保护权利的手段，那就很重要了。权利的价值要比金钱的价值高得多，但是我也不赞成走到另一极端。

前不久，消费报社给我打了个电话，他说让我就一个案子发表意见，就是福建有一个人到北京来出差，元旦在招待所打了一个电话，应该是5角5分，招待所给他算多了，算了1元1角，最后告到北京朝阳法院。朝阳法院判决只按5角5分来赔，就是按照《民法通则》的不当得利返还，而不是按

《消费者权益保护法》第四十九条双倍返还,但是另外赔了他五六百块钱作为路费等支出补偿。他不服告到中级法院,要求双倍返还赔1元1角,而不是5角5分。消费者报问我的时候,我说一个人为权利而斗争,不在于5角5分,这是对的,这是捍卫自己的权利。如果侵犯了我的名誉权,打5角5分的官司也值得;但是如果仅仅是争一个财产,为了5角5分从一审打到二审,咱们国家司法机关花了这么大的力量来解决这个问题,从审判机关的成本来说又合适不合适呢?我给他提了这个问题。

所以为权利而斗争,并不在于权利本身的金钱价值是多少,在这个问题上,我们作为一个律师的使命来说,就是要为他人的权利而斗争。因为我们的当事人、委托我们的人不管是诉讼案件还是非诉讼案件的当事人或者公司企业,这些人往往最不了解自己在法律上享有哪些权利,那么你给他以法律援助,使他懂得自己有哪些权利、如何为自己的权利而斗争、如何行使保护自己权利的这种程序,这就是律师的任务。所以从我们作为律师的角度来说,本身的任务就是为弱者、为当事人、为你的委托人的权利而进行斗争。

当然律师本身也在为自己的权利而斗争,律师在为实现他人权利而斗争的同时,也在为自己的权利而斗争。我们现在律师的地位,应该说和法律所赋予他的社会职能、社会使命相比,还相差很多。比如说,律师的调查取证权,现在就受到很大的妨碍,更不用说在侦查阶段所涉及的一些问题。律师的职业要完全纳入法制轨道而且比较完善,我觉得最大的问题是调查取证的权利。我给大家举个例子，我们现在企业的改制需要解决现代企业的资本信用，那么一个企业要跟对方打交道，怎么能够了解对方的资本信用呢？到工商局去查只能查到注册资本多少，而且注册资本交足没交足也不知道。我们讲现代企业制度是一个资本企业，而资本企业的基础是资本信用原则，那么你要和对方去订合同也好，去投资也好，首先要了解他的资信状况。如果现在公司要订合同让你到这家公司去取证，那么这家公司要拒你于门外：你到我这里调查什么来，这是商业秘密，我这个东西一概不许让人知道——当然上市公司和不上市的公司，股份公司和有限公司不一样。我想这一点是我们国家现在法制建设里面一个很大的弱点。

为权利斗争对于律师来说本身也应该包含着是为一种信仰而斗争，要把自己的职业当作一种执着的信念来追求。最近看了《读书》杂志一篇文章很受启发。我们知道美国有一位匈牙利籍的著名投资家叫索罗斯，文章讲股票市场上有两种人，一种人是单纯为了赚钱而买卖，另一种人赚钱是为了证明自己的理论是优秀的，证明自己是聪明的，有一种自我实现的快乐；乔治·索罗斯就是后一种人。他投资有一套理论体系，很深奥、很抽象的，但是他就想证明他的理论是正确的。1979 年欧洲刚刚成立汇率稳定机制时，他看出英国的英镑不稳定，当时他就提出英镑不稳定，但是英国人好面子，要维护汇率不能动。他看出英镑的弱点，所以他就应用了这套理论来搞英镑，认为英镑必将走软，法郎和马克会增值。到最后证明他自己的理论正确,把英国政府打败了,英镑不得不贬值,他一下就赚了几十亿美元。这次索罗斯看出东南亚经济的脆弱这个问题,他就要论证这个问题,实现了自己的理论。不以赚钱为乐而是证明自己的信念、理想正确。大家都知道索罗斯是一个大的投资家、投机家,同时又是大慈善家,他拿出许多亿美元在苏联、东欧建立各种慈善教育和科研基金。他大量赚钱,又大量施舍,但是赚钱有一种快乐,这个快乐不是建立在自己财富多大而是建立在我这个投资的信念是准确的基础之上的。我为什么讲这个呢?因为我想到律师也有这样两种:一种律师仅仅为了赚钱,另一种律师是为了实现自己的理念而赚钱,为了实现自己的信仰而赚钱。

我们律师最高的信念,或者说我们作为一个服务之道也好,作为一个治国之道也好,为了权利而斗争这句话,我是非常欣赏的。一个律师如果真正实现了为权利而斗争,每个人都知道他的权利价值,而且作为律师能够为保卫他人的权利而尽心,他就实现了这个价值。

第四方面　法律的强大与软弱

那么,第四个问题呢?我想讲法律又强大又软弱。我们搞了一辈子法律,我现在深深体会到,法律又强大又软弱。可能在座的人也会得出这个结论。法律应该是强大的,可实际上又是软弱的。

在欧洲的国家里面我们知道法和权利是一个字,几乎所有的大陆法系的国家从俄文到德文、到法文、到西班牙文、到意大利文，为权利而斗争也可以翻译成为法而斗争或者为法律而斗争。市场经济很重要的一个东西是利用现代化的交易手段，有价证券就是现代化交易手段，有价证券就是权利和书面凭证紧密结合在一起。世界上强大的武器之一是票据，现在世界上90%以上的国家结算都是用票据——汇票、支票、本票。可是我们在制定《票据法》和有关的法律时，大家深深感觉到这样一些东西既强大又软弱。有价证券完全要建立在信用基础上，我开了一张支票、开了张汇票，5000万、5个亿到银行去，空头支票不给承兑、不给支付，再巨额的支票、本票、汇票也是废纸一张，所以有价证券它的强大的威力完全建立在它的信用的基础上，没信用这个东西就是废纸一张。没有建立在人人都能接受的信用基础上是不行的。通过一个法律之后我国都要执行，如果得不到执行，它本身没有必要的权威，法律也是空头支票，也是废纸一张。律师可能最懂得什么时候法律是强大的，什么时候法律是软弱的，那么对于律师来说他的任务应该是扬它的强——法律的权威，弃它的弱——法律的软弱，而不应该倒过来钻法律的空子，看到法律的弱利用起来，而把法律的强抛弃掉。这对律师来说是非常重要的。

我最近看了一段东西觉得非常有启发。汉武帝死前十几年的时候，由于挥霍无度，国库空虚得很，一遇到天灾，就有很多很多的流民先是乞讨后聚众抢劫，于是社会治安就很不好。汉武帝崇尚竣刑，凡是抓到了就斩首，可是最后还是解决不了问题,流民蜂拥而起,自立旗号,大的数千人,小的几百人,多得不可胜数。于是,汉武帝派高级官员到外面督办,但还不能奏效。汉武帝就想出了最后一个厉害办法,制定了《沉命法》,规定凡是有盗贼而没有被发现或者发现了以后没有全部捕获的,从太守到小吏都要杀头。《沉命法》出来以后,各地治安状况马上就好转了,天下太平了。但实际上呢?盗贼活动照常,不仅照常,有的还更自在了。因为大小官吏觉得往上一报有盗贼,没杀掉盗贼的脑袋自己的脑袋先没了。所以这个法一出来谁都不往上报有盗贼了。这么一部法律你说他威力大不大,但最后软到不能再软,所以我说这个法律很有意思。

北京前些年新编了一部京剧《画龙点睛》。这个新编京剧讲的是唐太宗李世民看到一幅画,画了一条没眼珠子的龙,他一看知道这是讽刺当今皇上有眼无珠,不了解下面情况,所以就决定微服私访。当他微服私访到一个小县城的时候,县太爷不知道是唐太宗驾到,还是作威作福,李世民就问他当今的唐朝天下不是有王法吗?这个县太爷回答他八个字,就是"王法管人,我管王法"。可见,王法也是又强大、又软弱,它要靠人去实施。严格实施了就强大,否则就软弱得很。

刚才讲的这两个例子与中国今天上有政策下有对策、上有法律下有对策不是差不多吗?你再严的法律我下面该怎么做就怎么做,谁还找不出法律的空子来?那这个法律不是又软弱了吗,那法律不就系于一人之手了吗!所以我说以史为鉴很重要，我们中国的长期封建历史人治大于法治，包括刚才讲的，我想都与此有关系，每个人都有他自己不能够跨越的历史鸿沟。我看了一篇文章讲中国离现代化有多远，里面讲了十条标准，比较国民收入是多少、多少人有一个医生、多少人订份报纸、多少人有一个大学生这都是有标准，可以量化的。那么我说中国现在离法制化有多远，我们先还不提离民主化有多远，到底有没有量化的东西，可以说社会科学本身就有一个不可能很精确、不可能很量化的一面。所以英国的著名哲学家罗素有一句话，他说所有的学说一端是自然科学，另一端是神学，而在这两端中间的是社会科学。自然科学可以很精确，通过实验、通过数字算出来，神学是最模糊的，到底上帝在哪，那谁也证明不了，而在这两者之间的社会科学不是那么容易通过实验把它量化、准确化。在我们国家的民主法制建设进程中，我们应该在将来达到一个什么目标，我们要实现四个现代化，我们提高物质生活的标准二十几年来都很准确，但是谁也没提出来哪年我们要进入民主与法制社会。

请大家特别注意，就是作为一个律师来说应该重“学”而不仅仅重“术”，术是一种技能。春秋的时候有一家叫做刑名家，跟希腊的诡辩派一样，主要是能说会道、能言善辩，说话辩论很厉害。我在给大学生辩论会讲辩论时主张辩论可以作为一种“术”，辩论不能成为职业家。辩论构不成职业，辩论只是一种“术”，我们律师也有辩论术，走哪儿律师都要能言善道会辩论。春秋战国的刑名家以非为是，以是为非，是非无度，所以这个是非从辩证法来说是对的，但是从我们法律来说法律是有度的，不能把法律一会儿说成这样了，一会儿说成那样了。我说法“术”的来源就是诡辩，诡辩就是一种“术”，单纯的“术”，我想法律本身的特点就是应该有一个度的感觉，法律不应该是无度的，不应是非无度。我们律师里面现在确实有一些人解释法律的条文的时候，今天可以这么来说，明天可以那么来说，再加上我们现在法律也不很健全，或者司法解释、立法解释有些地方还很欠缺，如何把我们所学的法律当作一种学，而不是当作一种“术”，这对于律师是很重要的。有时候我觉得一个人不学无术可能是一个笨蛋，但是不学有术，什么都没有光会术，可能有时候会成了坏蛋。所以我认为对于我们律师来说要有学有术，无学有术就是讼棍，就是绍兴师爷，那就不是律师了。

第五方面　力戒麻木与浮夸

最后一个问题，也是第五个问题，我想讲一讲麻木和浮夸。我为什么最后想到麻木和浮夸呢？我是这么思考问题的，开头我给你们讲一个人要知道自己的职业特性的两重性。最后呢，我认为大家都应该知道，自己所从事的职业最容易产生职业病。作为律师来说最容易产生哪些职业病呢？

第一个是麻木，麻木症这个问题我深有感觉。在学校我这一辈子都是从事法学教育，改革开放以来也担任过法学教育的负责人，我跟同学说，你们在学校慷慨激昂反对腐败，你们可以说反对这个反对那个，对这个不满对那个不满，可一当官之后，一当了法官之后比老法官还黑。学校学的时候赤子之心真是满腔热忱，但是一到了官场，一到了某些职业，他的赤子之心麻木了！我觉得我们现在学法律的人很大的一个危险就是缺少赤子之心。赤子，一个孩子的心最好，拣了一个东西马上拿起来给人，赤子之心这是很可贵的。

我们的律师应该说对于司法界黑暗腐败的问题是最先知道的。春江水暖鸭先知，司法腐败律师先知！那么法律的强大或者软弱，法律里面的各种问题应该说律师是最有亲身体会的，这是我们司法改革、我们法制建设动力的一个重要部分。因为你最先知道嘛，酸甜苦辣体会得最深啊！但是我们有很多律师碰到这些东西时忍气吞声，一句话不说，明哲保身。我不要求你们现在丢掉一切，冒着杀头的危险都去做捍卫法律的先锋，都做烈士，没这个意思。我看到一个消息，有人对蛤蟆做了一个实验，把一个蛤蟆扔到开水锅里，一扔这个蛤蟆就跳出来了，那水太烫了。但是你把这个蛤蟆放到冷水里面，慢慢加温，它舒舒服服就死了，一点都不动弹还是闭上眼睛、舒舒服服地死了。我想这就是我们的习惯，对于周围的环境逐渐就习惯了，习以为常了，习以为常就是麻木了。这个问题对于我们来说很值得注意。

“生于忧患，死于安乐”，如果一个国家、一个民族老是在忧患中，它就有一个十足的动力老是要不断奋斗。一个人有些磨难、有些困苦他就不断地奋进。如果都是在安乐的生活里面，小汽车有了房子也很好了，东西也很多了，很舒服了，生活很富裕了，就缺乏朝气、缺乏勇气了。我们不是让你们人为地去过苦行僧的生活，但是如果过分安乐、而且是过分精神上的安乐，满足于现状，我看这个国家就危险了，这个民族也就危险了。

第二个是浮夸。有些人跟我讲，他说我找过某个律师，这个律师跟我说，法院的人他都认得，这案子交给他没问题，这个也认得那个也认得。我们有些律师可能能耐不小，有的可能能耐还不太大，但是包打官司，跟当事人说起话来信心十足。这个现象有没有？我觉得值得注意。当然你可以说律师为了拉案源总要跟当事人说好一点，不能说我一点本事都没有，法院一个人都不认得，那谁找你？律师就是靠自己的知识、机智来办事，你的知识、你的聪明机灵能够非常敏感地抓住一些有利于当事人的东西。那么如果我们再不注意这一点就最容易产生浮夸。浮夸的进一步就是产生虚假甚至欺骗。

我看了一篇文章非常受启发，他写的是 1958 年的浮夸风。他说毛泽东同志在视察徐水的时候，徐水当时浮夸到把周围的粮食都堆成小山，亩产可以达到 120 万斤。毛泽东说你们这么多粮食吃不完怎么办呢？粮食多了少种点地吧，一天干半天活就行了，另外半天学文化、学科学、搞娱乐、办大学中学好吧！

对于律师、法院、政府以及任何一个行业，现在仍然要警惕浮夸，尤其作为律师，贵在严谨、科学、老实。我奉劝律师几个字：严谨、科学、老实。律师是严谨的工作，容不得半点虚假、半点浮夸，到法院打官司要严谨，要以事实为依据，以法律为准绳。法律是哪一条，证据是哪些，要一个一个摆出来。辩论时要用哪个证据、哪个法律依据，不一条一条抠，行吗？必要时要以真实作为基础。我们看到西方国家法院的象征有天平，天平大家都知道表示公平。有时我还看到一个标志，就是拇指加食指和中指。一问，知道这是证人作证宣誓的标志。一个证人如果宣誓后作假证的话，那就是跟我们中国古代盟誓后还说假话一样，那要遭天打雷劈的，上帝要惩罚的。大家还看到国外法庭用一个槌子，我们古代是用惊堂木，外国用槌子敲，一敲案子就定了。在法庭上无非三个东西，一个是公平，一个是真实，第三是最后裁断。就像一个人进了教堂一样，进了教堂在忏悔时还撒谎，那心就怦怦跳了。

最后，财政部和有关会计部门召集一个专家座谈会，讨论会计师事务所对出具假证要承担多大责任；这里没有讲律师，但是我们国有企业改组为股份制企业要有律师的证明——如果律师开具了虚假的东西，律师、律师事务所要承担什么责任。我想现在律师也要打假，不仅要打假律师，还要打律师的假行为、律师的假话。我们民法讲在世界各国通行八个字，世界各地称为民法中的“帝王”条款的是“诚实信用，公序良俗”。诚实信用现在还用，“公序”是指公共秩序，

“良俗”是优良风俗,我们叫社会主义道德。我想这八个字是我们市场经济法律里面的根本东西。对律师工作来说,这几个字也是一个重要准则。

1998 年天津

法治必胜*

自1906年沈家本、伍廷芳奉命制定大清诉讼法涉及律师以来,律师制度于今已经有整整一百年的历史了。

百年来,律师制度的发展,或兴或灭,或盛或衰,一直随着国家民主化、法制化的进程潮起潮落,百年律师史就是百年法治史,也是百年来国家救亡图存的奋斗史。早些时候我曾经写过一篇文章,《律师兴,则国家兴》,讲的就是这个道理。

我们不能孤立地看待律师问题,民主政治的发达、独立的司法体制都是律师制度得以发展的关键因素。而在这方面,我们需要总结的经验太多,一如唐德刚先生所言的"历史的三峡"还未跨过,"帝治"向"民治"的转型尚未完成,律师的黄金时代还在远方向我们招手。

---

* 十年前,我还年轻,雄心勃勃地策划了一套"走进中国律师"文丛,邀请了我所认同并尊敬的师长助力,他们竟一一答应,尤其江平老师还为此作序。因为太理想,文丛并没继续下去,值此之际,法治必胜的呼喊振奋人心,因为,没有法治就没有未来。本篇即为"走进中国律师文丛"总序。——编者注

在权利保障、法治建设、人权进步的事业中,律师的作用是有目共睹的。要实现法律的价值目标——正义,就必须有理性有效的手段相配套,不然,正义无法实现不说,还会毁了自己。而依法执业的律师队伍、发达的律师制度便是这样理性有效的手段,他们在法律职业共同体中起着非常重要的作用,是实现法律价值目标的重要力量。所以,我们深知律师对一个美好和谐社会的价值所在,在这一点上,怎么弘扬律师的职业理想也不为过。

另外,我们也该看到,律师并不必然地代表正义,作为国家民主法制的重要组成部分,有些律师甚至是民主法制的破坏者,是邪恶的支持者。

美国律师协会曾将职业律师定义为"一个作为促进公正和公共福祉的共同职业的一分子,在为委托人服务和为公共服务的精神中,追求博学的艺术"。这个定义凸显了律师的职业理想与素质要求,值得我们深思。2005 年 7 月,美国联邦最高法院大法官金斯伯格在北大讲演时也说:"根据我本人的经验,只有当律师不是只知收费的工匠,而是一位公共福祉的奉献者时,他才能获得最大的快乐和满足,才能赢得民众的尊敬、喝彩和最为良好的祝福。"多年来,我也一直提倡律师应该少一些商人习气,多一些哲人气质,要为权利而斗争,要走向政治,因为律师显然应该比商人具有更为不同的理想追求。

实践证明,律师应该是这个社会中具有能力确认和追求公共利益的少数阶层,社会之所以同意其高收入的根源乃是期望他们因此能从经济压力中解放出来,更专心一致地为公共利益而奋斗。因此高收入绝非首要目标,而是附带结果。

可以说,法治国家的律师为公众服务的精神是一贯的,尽管现在也有些削弱,但大体上是延续着这个传统的。

律师制度恢复以来,随着经济的发展,工商社会的建立,初兴的律师与初兴的商业社会共沉浮也有二十多年的历史了,我们看到,为权利而斗争的精神,律师走向政治以参与更广泛社会事务的理想还很淡薄,律师们一开始就缺乏这种为公众服务的传统,可谓先天不足。法律信仰的迷失、政治上的失节与道德上的堕落,使得律师们在市场化的逐利运动中过于世俗化、功利化,律师的素质与形象不能不让有识之士担忧和痛心。

我们的律师在极为尴尬的境域里挣扎徘徊:一方面是令人同情的遭遇、必须清理的障碍和理应消除的误解;另一方面是令人忧心的堕落与沦陷,一些律师已经流俗于商人与帮闲之间了。

面对着迷失的职业理想,我们希望在清除路障与消解误解方面做出一些建设性的工作,同时也要为克服自身的流弊而努力,使得律师更加贴近权利而不是权力,更加接近法律人的信仰而不是市井人的欲望,由此,我们策划了这套“走进中国律师文丛”。

文丛分不同的卷次来反映律师制度的历史变迁,展示律师队伍的整体风貌,摘精选要,纵论古今,要让律师走进中国社会,也要让社会了解中国律师,同时为提升律师的人文品位做些有益的工作。

文丛绝不简单于一人一事地赞美或歌唱、批判与揭露,而是力图以律师为主线,深入到问题深处、社会深处,以公民立场、法律人的视角来评估一切,直面冷视,凝神静思,从而寻找出通往美好未来社会的合理途径。

我们坚信:在人还没有成为自己的主人之前,在基本权利还得不到保障之前,恢复每个人的权利是律师的职责所在,因为找回了应有的权利也便恢复了整个社会的活力。所以,中国律师的精神气质应该是为权利而斗争并永远站在弱者一边!

我们希望通过关注中国律师,来向公众说出一切,以便形成健康的舆论空间,培育完美的公民品格,使社会永远处在理性与进步之中。弘扬法治精神,讴歌战斗豪情,呼唤理想图景,便是文丛的主旨所在。

国君(作者名——编者注)自主编《与正义有关——中国律师纵横谈》一书以来,一直致力于律师与律师制度研究,为律师著书立说,紧紧围绕着律师群体,办讲坛,开论坛,热血热心,充满了理想与激情。从这个年轻的法律人身上,我看到了力量,也看到了希望。

"走进中国律师文丛"当然是为律师呐喊的,也是为建设法治社会、实现宪治转型的用心之作。作为一名为法治建设努力奋斗了一生的老法律人我亦愿鼎力相助,为年轻人鼓呼;也愿文丛顺利推出,流布社会,有所功效,以不负众人甘苦之心、理想之志。

是为序。

2006年

律师是真正的先知*

今天,我从四个方面来讲一讲在依法治国的蓝图中,律师如何从被动走向主动。

首先,讲一讲律师在依法治国中的地位。这个问题已经讲得很多了,但是在依法治国的形势下应该对其有新的认识。依法治国应该有三层含义:一是宪法中的依法治国,这是纲领性的;二是四中全会决议中的依法治国,我把它称作蓝图、路线图即走向依法治国的路线图;三是实现依法治国。从现在来看,要实现依法治国得需要很长的时间,不是一代人、两代人甚至三代人能够实现的。律师每天和政府、侦查机关、检察机关、审判机关打交道,所以最了解依法治国的情况,或者说律师是真正的先知,对于依法治国的水的深浅最了解,对于依法治国中的黑和白、暗和明也最了解,所谓"春江水暖鸭先知"。从这个角度来说,对于依法治国发展的好坏,律师是最先亲身体会的。我过去常讲律师兴则国家兴;现在应该说,并不是律师兴直接国家兴,而是律师兴则法治

---

* 本篇为第二届"国浩法治论坛"(上海)发言,题目为编者所加。

兴,法治兴则国家兴。同样,从另一方面看,一个国家法治兴了,律师才能兴,在这个意义上法治和律师是一种鱼水关系,律师是鱼,只有在依法治国的水里才能够畅快地游来游去。所以从这个角度来看,我们可以看到律师和法治的关系,比任何其他人都直接。因此,律师在依法治国中应该能起到更积极、更主动的作用。

第二个方面,从四中全会的决议中可以看到,将来我们律师会分成三种:社会律师、公职律师、公司律师。虽然现在实际上已经有了这三种律师,但这三种律师对各自的角色、各自的作用还很不明晰,其中最发达的是社会律师。公司律师过去叫企业法律顾问,而企业法律顾问又归国资委管,企业法律顾问过去还有单独的考试。过去有人建议——我也建议过,公司的律师、企业的律师,也应当叫律师,不应该叫法律顾问,应该参加律师的统考,不应该单独搞一个企业法律顾问的考试。现在看起来,这一条肯定了,我们将来的公司律师也要和社会律师一样经过国家司法考试。这样一来,企业法律顾问的地位会越来越高,企业除有 CEO,还要有 CLO,CLO 实际上就是对企业法律顾问重要地位和作用的肯定。现在又提出了公职律师,公职律师应该说是政府的律师,按照现在的提法,我们现在的政府里除了有法制工作人员以及法制办这样一些机构外,还要建立一个专职律师队伍。公职律师将来的作用也将越来越明显,并可望成为政府依法决策、依法行政的重要的骨干力量。这样一来,我们就向国际化更迈进了一步——国际上也有这三种律师。显然,这三种律师为我们的律师的前途开辟了更广阔的前景。当然,现在的社会律师都不太愿意做政府律师、做公职律师,但将来有一部分案子不多,也没有特点和其他案源的律师,完全可以担任政府的律师。如果我们各级政府都设立了一个公职律师职位,这个量是相当大的,因为从中央到地方,我们各级政府对它的需求量是很大的。从这一点来说,公职律师为我们律师开辟了新的就业前景,其数量不可小觑。

第三个方面,我觉得从现在的反腐情况来看,大家都认为这一届党的领导在反腐上作出了努力,成绩是很大的。反腐和法治,可以得出这么一条结论,世界上任何国家,什么地方法治强盛,清廉指数就高;什么地方法治衰弱,腐败程度就会提高,这是一个绝对的证据。昨天(12 月 19 日)我参加了一个会议,香港的律师用数字论证了法治和清廉、法治和腐败的关系。我想,这一条我们如果能够承认,我们就承认中国现在还存在严重的腐败问题,而在清廉问题上我们算得上是一个中等国家,够不上很清廉,也不是最腐败的,我们居于中流。在这个情况下,我们的前景还是很乐观的,但一定要加强一些反腐倡廉的措施。我所接触的律师里面,包括从报纸上,我还没有看到律师作为腐败分子被抓起来的,当然律师跟权力是没有关系的。但在查处法官的一些案子里却有律师的身影,尽管他们不是受贿者,却可能成为行贿者。然而不管怎么说,律师在法治和反腐的问题上,处于一个很有利的地位。这个有利的地位就要求我们自身应该成为积极反腐倡廉的主力,来推动我们国家反腐的进程。就这一点我所了解的社会情况,在揭露社会上的一些腐败现象、揭露一些官员的腐败问题上,律师还是很主动的。

第四个方面,过去我们一直说律师职业有两种作用,一个是服务之道,一个是治国之道。服务之道是每一个律师必须做的,你要养家糊口,就要靠服务为生。但是不要忘了你这个职业本身就有治国之道,我们现在倡导的依法治国就是治国之道。如果从职业的角度来讲,律师更多的是一个被监督者。司法局、律协等部门负责对律师进行各种方式的监督,包括律师职守及其行为。但如果从治国之道的角度来讲,律师又应该是监督者。律师既然是学法律的,法律本身就有一个宏伟的职业目标,这个目标就是实现法治这个最高的理想。就此而言,律师身负不可推卸的责任,其中最根本的一个任务就是监督法治的正常运行。从这一点上说,律师应更主动地为依法治国做贡献,这是一种使命。

从这几个方面粗略分析,我总体的感觉是,四中全会的意义对于我们律师主动性的要求更高了,律师所担负的社会责任更高了,律师有责任来监督我们国家法治的运行。

下面我再讲几个问题。

第一,如果用简单的语言来表述四中全会决议关于依法治国的内容,可概括为三个方面:一是立法,二是行政,三是司法。今天应松年教授主要谈法治中国与民主立法,我只谈一个问题,怎么理解民主立法。我参与过许多我们国家的立法活动,算起来大概有 22 年,从 1985 年到 2007 年,其中包括四个阶段:第一个阶段,从 1985 年到 1988 年,这三年时间里,我从做顾问到领导一个行政立法小组,后又参与了刑事诉讼法的制定;第二个阶段,从 1988 年到 1993 年,这期间,我参加了很多立法工作;第三个阶段,从 1993 年到 1998 年,这五年八届人大财经委员会立了十个法,虽然当时我已经不是人大代表了,但仍请我来参加了一些立法工作,包括信托法、证券法、企业法我都参与了;第四个阶段,从 1998 年到 2007 年,这个阶段我参与了一些民事立法,我们制定了民法典中的合同法、物权法,尤其是物权法我们花了很多时间。当时反复强调的一句话就是,立法一定要"三结合",就是立法机关、实践机关、各级法院和专家相结合。从现在的情况来看,我们提出来的民主立法,要比当时的"三结合"广泛得多。如果说"三结合"里面没有包含律师,四中全会里面的一些规定则清晰地阐明了律师参与立法的现实性。例如其中提到要增加有法治实践经验的专职常委比例。谁是有法治实践经验的人?不是我们,我们没有实践经验,教授也没有,律师是最有实践经验的。21 世纪初就有人讲,律师要参与政治,包括人大常委会都应该有律师参加,还要依法建立专门委员会、工作委员会,其中要有立法专家顾问,这也是律师很适合干的,因为律师有丰富的实践经验可供立法时参考。

第二,对部门争议较大的立法要落实第三方评估机制,如果发生了争议可引入第三方评估,其中律师的评估也是一个很重要的方面。所以从这一点来说,探索委托第三方起草法律法规草案是一个新的提法。可以说,律师起草法律草案更符合实际情况,更有一些理论的需要。再比如说探索建立有关国家机关、社会团体、专家学者对立法涉及的重大利益如何进行调整的咨询机构,这里既包括社会团体,也包括律师。这些问题实际上构成了我们民主立法很重要的一个内涵。也就是立法的范围要大大扩大,扩大到社会上,尤其在法律方面有丰富经验的律师上。当然,四中全会除了民主立法之外,还强调了科学立法,我觉得一个是法律体系的科学,一个是立法程序的科学,这两个都是亟待解决的。比如说法律程序、法律体系、法律制度的科学。我给大家举个例子,80年代末90年代初,国务院通过了一个土地可以转让的决定,而宪法上规定土地是不许转卖、不许转让的,但因国务院的这个决定宪法修改了,紧接着土地管理法也修改了,可民法通则却没改。我觉得这就缺少科学思想了,同样的东西宪法改了,土地管理法改了,民法通则为什么还不改,时至今日土地使用权转让已经很广泛了,已经开始流通了,而民法通则仍然那么写,这样法律就显得不严肃了,说明我们立法的人本身就缺乏对法律的尊重。一个法改了,相应的哪些法律要跟着改?这都应该有一个科学的程序。

第三,关于公职律师,这是行政法制上的问题,在四中全会决定里特别提到了要积极推行政府法律顾问制度,建立以政府法制机构人员为主体、吸收专家和律师参加的法律顾问队伍,保证法律顾问在制定重大行政决策、推进依法行政中发挥积极的作用。这里面对于政府律师的职能和要求应该说提得非常明确。我觉得政府律师很重要的一个职责就是使决策机制更具合法性。这次四中全会特别强调了政府决策机制的完善。所谓政府决策机制的完善,就是要建立决策错误以后的追查机制,到底当初是怎么通过的:是不是拍拍脑袋就通过的,还是真正经过法律程序来完成的。听说湖南已经有行政程序法了,但在国家层面上还没有,我始终觉得行政程序法非常重要。在今天的北大法学院会场里有两幅标语,一是“为权利正义而斗争”,二是“为程序正义而斗争”。可以说如果没有程序正义就没有正义。程序正义还表现在决策程序上,究竟是个人决策还是集体决策?这都需要程序来明确。

我刚才讲了立法的程序,在我国,每个法律都要召开法律委员会会议,组织大家发言,发完言再总结集中。我觉得无论在何种制度下都应有各自的程序,而这个程序应该被尊重。我们现在最难监督的,不是上级对下级,而是下级对上级。我也感觉到了这个问题,但我跟上级提出这个问题时还是心有余悸的。因为质疑领导决策是不是能够依法进行,并对其进行合法性审查是需要很大勇气的。即使在目前依法治国的形势下,关于这个问题也有很多值得我们思考的地方。

最后一个问题,是关于司法审判的。司法审判对于我们来说更具有切身意义,因为社会律师的很大一部分职责主要是在法庭上体现的。我曾经说过律师的风采主要是体现在法庭上,这句话可能得罪了一些人,所以后来有人就问我,你这样说是不是把出庭律师看得太高了,把非诉律师看得太低了,而在中国出庭业务是没有多少人愿意干的。其实这个问题并不能这么看,香港的律师分为大律师和小律师,应该叫出庭律师和非出庭律师,因为只有出庭律师才有资格进行法庭辩护,其他的律师只能做一些辅助业务;出庭律师需要具备充分的法律知识、要反应敏锐、能够当庭回答法庭以及公诉人提出的问题。所以从这一点看,真正的智慧应该表现在法庭上。

从权力分配角度来看,律师所享有的辩护权只占四分之一,其余为侦查权、检察权和审判权;而从法律审判角度来说,律师的权力则可占到三分之一,检察一方,审判一方,辩护一方;但如果从当事人的角度来看,律师的作用就更大了,可以说是半边天,因为在民事案件中就是被告与原告,即使是刑事案件,说到底仍然是公诉和辩护两个方面。所以律师应该看到自己所处的地位。我个人觉得,四中全会决议里对于律师地位的作用写得太少,表述得也很一般,没有特别强调律师在法治建设中应起的作用。但这次四中全会决议里还是有很多亮点的,其中一个很大的亮点就是立案制度的改革。大家知道民事案件立案是很难的,而立案是解决法律权利争议的一个很重要的方面,但有人认为法院在立案方面处处设置障碍。

昨天(12 月 19 日)在一个会上,有一个企业负责人给我讲了一个案子,说新加坡有一个案件要求上海的法院执行,法院推托半天没有立案。我说国际协议有明确规定,为什么还这样。他说,你不要看国际协议,中国法院推托的方式很巧妙,各种办法都有。我们现在提出来要改立案登记制度,只要你符合相关规定法院就必须立案,不要审查,符合条件就要立案,这是一个很大的改变。我们政法大学也有个案件,通过报道还很轰动,是有关分房子的事情。政法大学有七个教授要把房子转让出去,学校说可以卖,但是只能卖给学校,还按原来的价格,就是当初多少价格买的现在就多少价格卖出。教授当然不干了,现在房子已经涨了很多了,于是起诉到海淀区法院,法院却说不好受理,因为无论判谁败诉都很难看。其实这个案子就是一个普通的民事案件,为什么不能受理呢?我也探讨过这个问题,发现很多的纠纷案件法院都不受理。最后就只能上访,被推向社会。法院是解决纠纷的最后一关,你都不来解决,谁来解决呢?所以律师在这个问题上完全可以据理力争,符合法律规定的法院都应该受理,而不应该推托。我想在这个问题上,只要当事人能够授权给律师,就能够使当事人的权利保护落到实处。

四中全会有一句话我印象很深刻,就是让人民群众在每一个司法案件中都感受到公平正义。三中全会也曾提过,现在看来是个好的苗头,但要做到这一点是很不容易的,也可以说是我们司法工作中最高的标准,要让每一个群众都感受到公平正义。现在,我们看到已有被判刑或执行死刑后有新的嫌疑人自认而被判决无罪的,但我们还没有看到一例因为证据不足、刑讯逼供、非法证据而被撤销判决的案例。这让人感觉到有所不足。拿重庆为例,尤其是办案民警已经被判刑讯逼供并受到处分的案件,仍得不到改判。因为刑讯逼供取得的是非法证据,证据非法,判决当然也是非法的。这一点律师可以据理力争,以防冤假错案。这个问题如果不深入一步,那是不行的。所以我觉得现在的平反冤假错案只是刚刚起步,将来很有可能在具体案件中,在非法证据的问题上会更前进一步,这要靠律师的努力。在呼格吉勒图案平反后,我们看到已经对冤案的责任人进行追究了。而当年这些玩忽职守的人,错判了一个人的死刑,不仅立功受奖,最后还有人升官当了公安局副局长。这种情况如果不制止,不知道还会制造多少冤假错案。

北京大学

2014 年

发扬思之精神*

我和张思之律师并非故交，平日往来也不多，但对他的经历、他的思想有许多了解，他称得上"中国律师第一人"。新中国成立后的最早一批律师中就有他的名字，而且到今天为止仍然坚持在律师岗位上，可以称得上是第一人；在第一批新中国律师中他曾受过最完整的法律教育，能够以法律为武器指点江山的律师，可以称得上是第一人；在老律师当中经历了各种政治运动，受迫害、受打击最重，见证了共和国全部法治历史而又坚强不屈的律师中，他可以称得上是第一人；改革开放后亲身参与第一政治大案——审判"四人帮"活动中，作为专业律师参与而又体现律师作用与风采的，他可以称得上是第一人；在近二十年国内各种政治风波中出现的政治审判案件中，能够秉着良知和良心、顶着巨大政治压力走上法庭为被告据理辩护的，他当之无愧地称得上是律师界中的第一人。

---

* 在"张思之先生八十华诞暨执业五十周年庆贺文集"纪念会上的讲话。

既然称得上为“中国律师第一人”，他在律师生涯中的轨迹和思想、作风就值得去发掘、去提倡，把它称为“思之精神”也不为过。我心中的“思之精神”包含三点：

第一，鞠躬尽瘁的服务精神。思之同志虽然名气很大，许多人慕名求其办案，但他总是以一个普通律师的地位和心态来对待当事人，首先想到的是千方百计来为当事人利益着想。他在接案子时不是考虑从当事人身上拿到多少，而是考虑能为当事人做到多少。我第一次去朝阳区水碓子他的家的时候，实在不能想象作为一个名律师居然家中“寒酸”到这个地步，也不由我钦佩他“敬业”甚于“敬钱”的精神。

第二，人文关怀的维权精神。思之同志很少办那些标的金额很大的财产纠纷案件，他更多办的是涉及人权的案件。只要他认为侵犯的是公民的基本权利，再大的风险他也敢于接受。思之同志也很少办那些豪门的案件，他更多办的是维护弱势群体利益的案件，只要他认为弱势群体利益受到不公平待遇时，愿意为他们提供强有力的法律援助。

第三，宁折不弯的抗争精神。律师在任何社会中都可以称得上是“高危”行业。当然，如果你善于“趋利避害”，完全可以没有什么危险；但当你要坚持律师的良心和良知时，往往会和现行体制发生碰撞，那就可能要带来巨大的危险。思之同志就是面对困难与风险仍然敢于据理抗争的一个。有几个政治敏感的案件当事人曾寻求我的帮助，而我不是搞刑法的，我就和思之同志商量，问问他能否为之出庭辩护。思之同志当然知道这里的巨大压力和风险，但他仍然欣然承诺。我深深感到正是他的理念和他的律师良心叫他无法拒绝。思之同志常说,他在许多案子中都是败诉的。我则认为,明知必然败诉却敢于去承接,这正是见精神之处。如果说“不以胜败论英雄”在律师业中尤应强调的话,那么在有些案件中“胜虽英雄,败更英雄”。

在纪念张思之律师八十诞辰之际我想起了鲁迅的那句诗:“横眉冷对千夫指,俯首甘为孺子牛。”张思之先生是称得起这一赞誉的!

2007 年

第四编　依 法 治 国

国家与社会关系的转变
——论中国现今法律观念之变化

中国现今从计划经济向市场经济转变的核心问题是解决好国家与社会关系问题。计划经济的本质是承认国家权力至上,而市场经济的本质是承认社会权利本位,权利是动力。社会主义国家根据马克思主义学说都承认国家是在社会矛盾激化基础上产生并凌驾于社会之上的力量,但又在不同程度上把凌驾于社会之上的国家力量扩大到极大,形成国家意志万能、国家干预社会的一切活动,形成了高度的国家集权主义。

改革的内容不仅指从高度的中央集权到适当的地方分权即一定程度的地方自治,也包括从高度的国家集权到社会分权即一定程度的社会自治。后者对今天中国尤为重要。

以前是国家权力从社会(权利)中分化出来,今天是社会权利从国家权力中解放出来。这一变化必然引出法律观念的转变,引起立法指导思想和法学观念的转变。国家与社会关系的转变集中体现在下面六个方面:

一是从意志本位到规律本位

自市场经济在中国提出后,人们越来越认识到市场经济的法律应当首先体现市场经济的规律,而不只是体现立法者的意志;传统的马克思主义法学观念仅把法律看作统治阶级意志的产物,而在社会主义国家中统治阶级的意志便体现为共产党的意志、领导人的意志。在经济领域中不顾客观规律的做法在计划经济体制下已经带来不少恶果,有了不少深刻的历史教训。在市场经济体制下,这种意志论就与市场自身规律发生更大冲突。还市场经济法律以其客观自身规律的本性,这是市场经济法律的第一要义,而把法律看作客观自身规律表现的观念就体现了自然法精神。自然法精神在中国是长期受到批判的,意志论始终占据了主要地位。市场经济推动了意志论和规律论之争,并给予规律论以很有力的支持。就其本质而言,意志论和规律论之争就是近些年来中国法学界有关法的阶级性和社会性之争的继续和发展。

从罗马法时起,自然法和万民法就有了许多相同之处,甚至不少学者视二者为统一观念。古罗马流行的观念是:他们的法律制度由两种元素组成,一半受其特有的法律支配,另一半受人类共同的法律支配,受人类共同的法律所支配的就是万民法和自然法。市场经济的法律是超越一个国家界限的,如果说计划经济仍可以局限于一个民族、国家,那么市场绝不是一个民族、国家所能局限的。我国《民法通则》第142 条规定:“中华人民共和国缔结或者参加的国际条约同中华人民共和国的民事法律有不同的规定,适用国际条约的规定,但中华人民共和国声明保留的条款除外。”因此,市场经济的绝大多数法律,如《公司法》《保险法》《证券法》《票据法》《期货交易法》《海商法》等都有一个和国际通行规范接轨的问题。国际经济一体化是当今世界发展的一个重要趋势。国际经济一体化也必然要求首先在市场交易中的法律一体化。1999 年 10 月 1 日生效的《合同法》正是体现了这一规律。在此之前中国存在三个独立的合同法:《经济合同法》《涉外经济合同法》和《技术合同法》。其中《经济合同法》体现的仍是计划经济的一些规则,《涉外经济合同法》体现的则是市场经济的一些规则;前者都是强制性规范,后者则有较多的任意性规范,体现了契约自由的精神。统一后的新《合同法》体现了从《经济合同法》向《涉外经济合同法》接轨,向国际合同规范和惯例接轨,向合同当事人意思自治、减少国家对合同行政干预方向接轨。

体现规律性的法律法规具有长期稳定性,而单纯体现立法者意志的法律规范则往往极易变动,通常是随着立法者的改变或者立法者意志的改变而经常改变。为了使这种法律规范不致经常发生变化,通常都规定得较为原则、富有弹性,这就又给执法者很大的自由解释空间。中国实践经常有这种情况,法律的条文内容有限,而这个法律的实施条例或办法的条文内容却超出它数倍之多。近年来这种实践已发生变化:《海商法》《公司法》都具有了可操作性,也不需另由行政机关制定实施办法。法律的刚性和弹性之争也反映了法律意志本位和规律本位之争。

长期以来，中国法学教育和研究把国家和法律最紧密地捆绑在一起，这与传统的意识形态是分不开的。苏联的法律课程就是称为“国家与法的理论”“国家与法的历史”等。今天中国已经不再沿用这些观念了，但原来的法律观念仍未改变。强调法律与国家的联系、强调法律的阶级性仍是正统学说，强调法律与社会的联系、强调法律的社会性仍是非正统学说。至今中国法社会学仍缺少其应有的地位，得不到官方的支持和认可，也是同上述意识形态原因分不开的。

二是从管理本位到权利本位

五十年来传统的法律观念是，一方面权利和义务同时存在，另一方面又强调义务为核心，似乎义务是对国家的奉献，权利是对国家的索取。共产主义道德观念是多奉献、少索取，甚至不收取。因此，长期以来权利意识是很差的，甚至是被压抑的。五十年来企业经营中也是以物为本位，以政府权力为本位，企业只要完成国家下达的指令性计划任务便是一切。市场经济明确提出权利本位的观念：权利是基础、权利是动力、权利是目标、权利是利益机制，没有权利的自主享有、行使和保护，便没有市场经济。这个观念必然和传统的以管理为本位的观念发生冲突。以土地法律为例：50年代初称《土地法》，核心内容为保护土地改革后土地所有人的权益；土地公有化以后就改为《土地管理法》，以管理公有制土地为主要内容。今天土地使用权可以有偿取得和转让后，又重新开始制定以保护土地权利为主的《土地法》。是政府管理(权力)服从于主体权利,还是市场主体权利服从于政府管理(权力),这是市场经济下法律观念正在发生变化的一个争论热点。

管理本位或权利本位之争的实质是公法和私法之争。长期以来社会主义国家否认私法的存在,似乎私法的基础是私有制,而公法的基础是公有制。这种理解是错误的,但长期得不到纠正。市场经济理论出现后,人们论证私法存在的基础是市民社会,而公法存在的基础是政治国家。只要承认国家和社会职能的分开,就要承认公法和私法的分开。现今,一些法学家、经济学家和社会学家已经在严肃认真地开始对中国市民社会的研究,这将有助于确立法律机制和观念中私法及私法精神的地位。在世界上许多国家正在研究公法和私法的融合时,在中国必须先确立私法的存在及其作用;而确立私法地位就是要从法律上肯定市场经济权利自主、企业自治和契约自由的原则。

与管理本位或权利本位之争有密切关系的是政府职能和社会职能的关系问题。长期以来,中国的政府职能极大,从中央到地方的各级政府机构也甚为庞大。在计划经济体制下,国有企业只不过是政府的一个附属机构,而国有企业又负担着一个小社会的职能——把职工子弟就业、入学、住房、医疗、家庭纠纷等一切问题等都包揽起来。这种体制被称为"大政府、小社会",这是国家为本位、国家干预社会生活一切方面的必然结果。1988 年海南单列为省后,政府意识到原有政府职能过大、机构过多的弊端,因而提出"小政府、大社会”的原则。将一部分政府职能还给社会自身去行使，这无疑是一个历史进步。“大政府、小社会”和“小政府、大社会”之争是在市场经济方针确定后国家和社会关系面临的一个重要抉择，同时也是法律观念转化的一个重要方面。最近，中国政府已经注意到不仅要精简政府的庞大人员，而且要精简政府机构及其职能。从中央到地方政府职能的转变正是政府和社会职能转化的有力步骤，但由于传统观念的束缚，不少人仍然力求手中掌握原有的干预经济的权力，这项工作遇到了不少阻力。

市场经济不仅需要权利本位，而且还需要权利平等。只承认权利本位还不够，如果国家和社会多元主体所享有的财产权利、人身权利实际上内容不平等、保护不平等，那么也没有真正的权利可言。中国现今正在制定物权法（财产法），学者们的普遍意见是希望建立公有财产和私有财产同等保护的原则。中国现今企业立法的一个重要趋势就是不再以所有制划分企业，不再以公有和私有作为权利划分基础。将国有企业全部改制为现代公司，而在现代公司中又实行“同股同权，同股同利”原则，不论是国有股、法人股或个人股，其权利和利益是平等的。这对传统的所有权不能平等的观念是个很大突破。

三是从国家控制企业到企业自治

自从斯大林提出社会主义国家具有“组织经济”的职能以来，这一理论在实践中就表现为以国家为中心的经济活动。国有企业绝对控制着国民经济的主要部门，而国家又绝对控制着国有企业的一切经营决策权。国家的中心地位又与企业的独立法人地位发生冲突。从法律条文来看，国有企业是独立的法人；但从实际情况看，许多国有企业都不是真正独立的法人。这是因为：(1)国有企业不能独立支配它的全部财产（国有企业只享有经营权，财产所有权归国家）；(2)国有企业不能以它的全部财产抵偿债务，企业间所欠债务不能以变卖固定资产、机器、设备、厂房等来抵债；(3)国有企业由于亏损而不能偿还到期债务时极少有实行破产的，即使出现破产，又有不少是假破产或借破产之名行逃避债务之实。所以，长期以来国家实际上是对国有企业的债务承担无限责任，国有企业缺少真正的自由经营、自负盈亏的自治地位。随着市场经济观念的确立，提出了现代企业制度这一整套措施，其核心内容是变国家直接控制企业为企业自治。但这需要一个长期的转变过程，仍然有许多企业习惯于躺在国家身上依赖国家喂奶吃。企业（尤其是国有企业）真正具有独立法人地位的最终标志是现代破产制度的确立。中国现今的《破产法》仅适用于国有企业，而对国有企业的破产又加了一些行使限制和控制手段，因此国有企业（包括国有金融机构）不能按照国际通行的破产法规范破产，这就意味着国家仍要对它们的债务承担责任。新的破产法起草工作已经进行10年之久，其草案的规定也与国际通行规则大体接轨，只是由于国有企业的特殊情况而不能通过，因此这一改革的完成还有待时日。长期以来，国有企业由国家控制是通过政府设立的一系列行业主管部门如机械部、电子部、商业部等来实现的。这样的部门是从中央到地方层层设立。这些部门以其直接的行政命令来管理和约束企业的行为。随着市场经济体制的确立,已经有一些部门改为总公司或总会;虽然名称改为总公司和总会,它们仍然行使政府部门的一些职能。现代公司制度强调了以法律和章程约束企业行为的机制。把计划控制和上级主管部门的行政命令行为改变为由法律和章程来约束企业行为,是从国家控制企业到企业自治的一个重要转变,但这同样也需要一个长期的转变过程。长期以来,中国企业的设立,不管它是什么所有制的都必须经过行业主管部门的批准,从这个意义上说,企业出生的计划生育不亚于对人口的计划生育。计划经济改变后,这种企业设立的严格批准主义也受到了质疑和挑战,因为市场经济要求自由竞争,也就必然要求相当程度的设立自由。1993 年通过的《公司法》第一次明确规定:除依照法律规定必须事先取得审批许可外,一般的公司只要符合法律的规定,就应当允许其注册登记。这就在相当程度上用自由设立原则代替了审批设立的原则。这就是从国家控制企业到企业自治的一个重要表现。但实践中的做法仍与法律条文有相当距离。企业设立困难重重、层层设卡、层层盖章,甚至从这种批准行为中寻求利益,这些都是国家权力干预范围过宽所造成的腐败的一个原因。

四是从产权高度国有化到产权社会化

长期以来,中国的企业是以所有制来划分并以所有制为首要要素而进行注册登记的。国有企业、集体企业、私营企业和个体企业就是以这种区分模式划分的。这种以所有制为特征的国有企业当然是百分之百的国家所有并实行高度的国有化。随着市场经济机制的发展,曾使用承包制和租赁制使其经营者的利益社会化,但这并未根本改变高度国有化现象。高度国有化现象带来的是国有企业效益低下或大量亏损,于是,从承包制转向股份制。股份化的基本出发点是股权多元化、产权社会化,除国有股外,允许法人持股、个人持股(包括职工或社会公众)或外商(个人或法人)持股。股份化并不是完全私有化,现今国家股和国有企业股仍占较大比例;但股份化却是产权社会化,允许个人持有一定比例的股份,产权多元化就是利益多元化。多元的产权机制会比单一的国家所有产生更大的活力,产权社会化必然要求国有产权不能僵化。要打破国有产权僵化就必须在以下几个方面取得成效:

一是对《公司法》中的国有独资公司严格按照立法精神和意旨限制在具有国家垄断性的行业,在竞争性行业中不能搞国有独资公司。最近,中国石油和天然气两大公司合并后就未采取国有独资公司模式,而是采取股份有限公司模式,这有利于将来建立我们自己的跨国公司,是一个可喜的改变。

二是继续降低国有经济成分在整个国民经济中的比重。国有经济应当退出一些不适合于它经营的领域,一些经营没有前途的国有企业应当允许卖给私人或职工自己去经营。这一点虽然遇到不少阻力,但也取得了一些进展。

三是国有企业改制为公司后国家是否必须控股和控股比例大小的问题走向应更加灵活。长期以来的实践是国有企业改制为公司后国家必须控股,而且往往控股比例较大;甚至有人认为国家不控股便是国有资产流失,便是国家失去经济力量,甚至有人以国家控股及其比例作为社会主义经济性质是否发生变化的标准来衡量,这种观念现在也发生了巨大变化。

四是国有股能否流通。国有股的流通必然会使它所占比例下降,这也是长期以来限制国有股流通的一个重要原因。现今这方面也已逐渐放开。可以说,最近一段时间对国有企业和国有股权僵化的观点已有所改变,松动的迹象为产权进一步多元化扫除了障碍。

产权社会化在中国实现的模式除上市公司外就是职工持股。职工持股在中国发展很快,一些年前将职工持股视为私有化的观点和法律规定上所设置的障碍的观点,都有很大的突破。过去有些领域内的国有企业如外贸公司改制时不允许职工持股的限制已有改变,一种新型的职工持股形式——股份合作式职工持股企业已经出现。按照这种模式建立的职工持股企业,职工持股比例至少占50%以上,最高可达100%即完全由职工持股的企业。将小型国有企业卖给职工所有就是采取这种模式。实现劳动者出资是走向股权社会化、多元化的一个重要方面。

不能否认,在国有股权和国有企业比例下降的时候,有些人主张用国家的权力对此进行干预,以特殊手段予以保护;或赋予国有股以特殊优先的权力。国家的动力本质是政权的权力,而社会的权力本质是财富的权力,政权的权力体现为不平等,财富的权力则体现为平等。

五是从完全国家意志到意思自治

在计划经济机制下是没有意思自治可言的,一切都属于强制性规范,不仅公法领域里如此,私法领域内也是如此。国家意志绝对不能改变,甚至在《经济合同法》中也不允许当事人之间的约定和法律不相同。凡是和法律不同的,一律都视为违法、无效的行为,其后果对当事人来说是相当严厉的。从经济活动的效益来说也是极大的损害,因为合同无效后不仅原来追求的利益落空,已经履行的部分都要恢复原状。迄今为止,中国合同制度中确认无效的使用范围要比其他国家大得多,这与没有任意性规范是有一定关系的。

合同法的精神在于契约自由、意思自治,应当允许当事人在不违反法律禁止性规定的前提下,约定和法律规定不同的内容,这正是任意性规范的实质,而这种规范只有在市场经济下才有可能。市场经济机制的确已使这种任意性规范越来越多。中国特有的任意性规范表述方式是“当事人有约定的依其约定,无约定的依法律规定”,这和强制性规范表述方式“有法定的依法定,无法定的依当事人的约定”不同。法律是国家的意志,合同是当事人自己的意志,法定和约定的关系必须处理恰当,才能充分发挥社会自治作用。法定优先于约定的强制性规范是必要的,约定优先于法定的任意性规范也是不可缺少的。

作为社会人的存在,其经济交往中的自治地位主要表现为三个方面:一是权利自治即自主行使充分的财产权利;二是企业自治即保障企业充分的自主经营、自负盈亏的地位;三是交易中的意思自治即保障合同订立和履行过程中充分的自主意志。没有这三个自治就没有现代的市民社会以及社会自行运作的健康秩序。在私法范畴中国家权力的使用就在于保护这种权利和秩序。商标需要管理,但管理机关的终极目标应是使商标专有权人所享有的各种权利不受侵犯,这与公法中的管理如强制管理、出入境管理显然有本质的不同。

在现今世界各个国家都没有绝对的意思自治,国家意志必然要干预私法领域,在中国当然更是如此,没有国家意志的干预不行,没有当事人的意思自治也不行。到底二者应当在什么程度上结合起来,也就是说国家到底应在多大程度上允许或限制意思自治,这是法学研究的一个主要课题。

由于中国从计划经济向市场经济转轨时间不久,历史遗留下来的国家干预习惯势力仍在起作用。再者,中国市场经济刚刚建立,混乱情况较多,需要用行政干预手段加以规范。

因此,中国的国家干预比重和手段都较发达国家为甚,这不能不引起人们的关切。当然,随着中国加入世界贸易组织和市场的规范化,这种过度的国家干预必然要得到应有的控制。

六是从人治到法治

在相当长一段期间内中国没有完善的法制,许多领域内没有法律可循。20 多年来立法速度加快,到 20 世纪末中国社会生活中的主要方面,尤其是市场经济活动中的主要方面,法律空白的现象将会根本改变。可以很有信心地说,到 20 世纪末可以消除“无法可依”的局面。但是有法律并不等于就有法治。中国的立法速度是很快的,但立法速度越快,它和执法之间的矛盾就越来越突出。中国长期的封建社会也有一整套完善的“王法”,但执法者高于法律的“王法管人,我管王法”的观念甚为严重。今天,这种影响仍然不能忽视。中国法律制度中有一个不可忽视的现象:如果某一法律中没有规定特定的执法机关,那么这部法律就会变成无人管的法律,必然得不到应有的贯彻;如果规定特定的执法机关,那么该执法机关就将从立法中获得特殊的权力,这种权力就可能成为“凌驾于社会之上”的特权,就可能成为谋取私利的权力。立法和执法的这个矛盾,本质上就是法治和人治的矛盾。

中国几千年来行政权无限庞大,对行政权缺乏必要的监督、制约手段,这也使中国缺少政治民主化的传统。中华人民共和国成立后，特别是近年来，人民代表大会制度的逐渐完善使它对各级政府有了越来越大的监督权。制定法律的立法权名义上只属于全国人民代表大会，但政府仍享有一定程度的立法权——行政立法权，它可以制定行政法规，行政法规仍然是法院审理案件所必须遵循的。如何完善对政府庞大权力的监督机制仍然是完善中国法治建设的一个重要内容。已经通过的《行政诉讼法》和《国家赔偿法》在这方面迈出了重要的一步。我国正在制定监督法强调权力机构——各级人民代表大会对政府实施监督的具体措施。如何动员社会力量进行监督——包括舆论监督在内的社会监督是一个重要课题。国家既然已经成为独立于社会并凌驾于社会之上的力量，那么，社会也必然要有相应的力量来制止国家滥用自己的权力。这才是正确的国家与社会的关系。我国原来传统的法律概念也要因此而有所更新。

日本东京国际法社会学会第31次年会

1995年

党的领导与依法治国

党的十五大提出:“依法治国,是党领导人民治理国家的基本方略。”九届全国人大二次会议通过宪法修正案,将依法治国写进了宪法。从指导思想来看,全党全国人民都明确了要依法治国,建设社会主义法治国家。这是集我国社会主义建设几十年的经验教训得出的符合社会历史发展方向的正确结论。然而,从我国社会历史传统和目前现实状况来看,要走向依法治国的道路面临很多困难,要经历极深刻的转变,要经历一个艰巨、复杂的过程。

一、问题何在

从我们国家的现实情况来看,我们所面临的核心问题是什么呢?比较早的时候我曾在北京市人大担任顾问,当时就有人提出“依法治国”的口号,而且其他许多地方也提出过这样的口号,但马上就引起争议。有人说,如果提这样的口号,那么把党的领导放在什么地位?这是不是削弱党的领导?还可以举一件真实的事情做例子。一次在山西某县举行普法教育的考试,司法局出的考题中有这样一个题目:我国最高权力机关是什么？要求在“党中央”“国务院”“全国人大”三个答案中选一个。县委书记认为正确答案应该是党中央，因为党领导一切，并对不同答案者提出批评，说我们的同志思想竟如此糊涂，党的观念如此之差。司法局对此很为难。随后在地委办的普法学习班上，这位县委书记又大谈他的这套观点。地委书记向他指出宪法中明文规定我国最高权力机关是全国人大。这位县委书记不服，要求拿出宪法来看。当看到宪法果然这样写时，他这样对地委书记说：“你是本本主义，我是从实际出发。”这是一个可笑却又让人笑不出来的故事。这位县委书记的法律知识考试恐怕要打零分，但他的看法却不能不说反映了现实。这一对关于“本本主义”和“实际出发”的矛盾以及前面提到的“关于依法治国”的争论，提出了一个非常值得深思的问题。就是党的领导与依法治国的关系问题。

应该看到，我们党经过长期艰苦斗争，领导人民建立了新中国。新中国成立以来，党一直是社会主义革命和社会主义建设事业的领导力量。今天党的领导地位是经过长期发展形成的，是有着深厚的社会历史基础的。在改革开放和进行社会主义现代化建设的事业中，仍然离不开党的领导。然而，由于存在上面提到的现实问题，对于实施依法治国方略，人民群众一方面举双手赞成，另一方面存在疑虑：到底是法治还是人治？法大还是权大？这是依法治国的实质性问题，解决了这一条，也就实现了依法治国。而在我们的现实情况下，要解决这一条，必然涉及党的权力问题。所以，我们党提出了依法治国方略，也是对党的领导提出了一个重大的历史课题，这就是在实行依法治国、建设社会主义法治国家的过程中，如何把党的领导与依法治国结合起来，寻找一个很好的结合点，使党的领导在新的历史条件下能够更好地发挥作用。

过去长期以来，由于对社会主义的教条主义理解和照搬现成的社会主义模式，我国形成一套权力高度集中的领导体制，处在领导地位上的党实际上掌握了最高、最集中的权力，各个方面都要服从党的集中统一的领导。按理说，执政党掌握了国家领导权，可以通过执政党的党员担任国家各级权力机关的负责人，它才享有国家的权力、政府的权力，党权是通过国家的权力体现出来的。政府权力无非体现为行政权、审批权、检查权、人事权、军事权、外交权等，这里面即使最大的行政权，也是分设为各具体部门管理各方面事务的，行政领导人是这些行政权力的总管理。

长期以来，我们党一直面临着加强党的领导和改善党的领导的课题。主要是克服党政不分、以党代政，出现少数人或第一把手的意志高于法律的现象，形成人治。除此之外，还可能产生一个严重后果，就是某些“不法”的党员掌握领导权以后，大搞以权谋私，导致各种形式的腐败。从揭露出来的一些大案看出，其中不少主要犯罪分子是党委书记或党委重要成员。他们所处的位置使他们可以利用各部门的各种条件贪赃枉法，其方便程度超过了只掌握政府的任何一个部门。

二、制约与监督

面对这些问题,实行依法治国是要经过艰苦的努力的。首先要解决权力制约的问题。权力制约是依法治国的重要内容。权力制约的必要性在于,首先法律的核心的东西是两个方面,一个是权力,另一个是权利。世界各国大多把法律分为公法和私法。过去我们讳言这一点,似乎实行公有制的社会主义国家没有私法可言。现在已经明确,社会主义国家中也有公法、私法的划分,在法学家给总书记和中央领导的讲课中已经讲到这个问题。公法的本质是以国家权力为核心的法律机制,行使国家的行政权、审判权等;私法是市场经济中保护当事人的权利的法律,保护公民、法人的合法权益、市场经济中的各种买卖关系、借贷关系等。依法治国就一定要处理好这两个方面。国家享有的权力是庞大无比、威力无比的,一个国家的管理离不开这些权力。任何个人、组织都抵不过国家的权力。任何一个法治国家中都必须真正保障公民、法人应该享有的合法权益,这是法治国家的题中应有之义。那么最容易侵犯公民、法人权利的力量来自哪里呢?恰恰来自国家权力。各国家机关在实施管理、履行公务时就要与公民、法人打交道,权力和权利这两个方面无时不在发生冲突,这是不可避免的。如果掌握不当,权力就会侵犯公民的合法权利。因此,对国家权力必须有制约,以保障公民权利。

对权力进行制约的第二点原因是,没有制约的权力必然导致腐败。在历史上,西方学者曾经提出这样一个著名观点,而中外历史的发展已经证明了这种观点是符合事实的,在我们社会主义国家也不例外。国家的权力太大了,一些人为了获得利益,就会靠直接掌握权力来谋私,或者用金钱与权力交换。这些就是腐败的基础。所以现代法治的核心就是对权力的制约,以防止权力的滥用及腐败。

权力制约就要有监督。当前,我国通过总结经验教训,对于加强监督已经有了比较深入的认识,宪法中也已经写进关于加强监督的重要内容。现在,从人大的监督作用来讲是有所增强了,人大已经不再像过去那样只是起“橡皮图章”的作用了。政府各部门都大大加强了依法行政、依法办事的观念,接受人大监督和人民群众监督的自觉性也增强了。但是,由于监督机制本身还很不健全,我们国家的权力监督比较困难、复杂。作为全国最高权力机关的人大,实际上只监管“一府两院”,而且“一府”的监督也存在问题。以省人大为例,在监督中就有困难。除了省委书记是第一把手的因素以外,省长也都是省委副书记,人大对“一府”的监督实际上成为对政府所属各部门的监督,很难对省长、副省长进行监督。所以,目前在人大监督中存在的重要问题就是只能对次要权力加以监督,对主要的权力不能监督。这就是人们认为人大监督未能充分发挥作用,仍显无力的原因。

根据我们目前监督机制的实际情况,就产生了一个问题:如何对党权进行监督,主要在于谁来监督党。我们一般讲是人民监督党,但这不是制度性的,目前还没有建立这种制度,在宪法、法律中也没有具体内容。从党内监督来讲,党内有纪律监察委员会,但纪检委所做的只是对违反党纪现象、腐败现象进行监督,不是对权力膨胀、代行政府职能的监督。加之纪检委是处于同级党委领导之下,对同级党委及第一把手很难监督。当然,党曾经自己纠正自己的错误,但花了很大代价。有时这一代纠正不了,靠下一代领导才能纠正;而且这是没有制度保证的,如果弄得不好,可能要付出更大、更沉重的代价。在我国,应该探索建立什么样的行之有效的监督制约机制呢?这是现实提出的重大课题。解决这个问题,是保持党的领导的生命力,实现依法治国的必要条件。

依法治国是我们党提出的治国基本方略,是全党全国人民的共同意志。既然目标已定,我们应该坚持实事求是的思想路线,打破禁区,清除传统模式和思想观念的束缚,以对历史、对人民负责的态度,探索一条切实、有效的道路。

1999 年

全球化、现代化与本土化

比较法的特点在于“跨”：一是跨学科——任何一门学科都有它自己的比较领域。因此我们比较法年会集聚的是各学科的比较法学者。二是跨领域——跨理论与实践诸多领域。我们比较法年会不仅有专门从事比较法理论研究的学者，也有立法、执法部门的专家。中国的立法和执法部门在其实践中越来越多地需要借鉴境外的一些法律制度。三是跨国界——与会的比较法学者熟悉的外国法领域差别很大，有大陆法体系各个国家的，有英美法体系不同国家的，我们比较法学会也有研究伊斯兰法的。

比较法学会年会的这一特点使它更具有交流性。其他学会是仅限于自己的学科，而比较法学会是唯一跨各种学科的学会，又是可以比较世界各个国家的学会。在今天，法学研究已经越来越要求扩大视野。民法和刑法是两个完全不同的学科领域，但民法和刑法的交融点越来越多。孤立地局限于一个狭窄的领域，是不能深化研究成果的。比较法年会给我们提供了一个开阔视野的交流机会。

在今天的历史条件下，比较法所承担的责任应该比任何其他时期更重,尤其是参加 WTO 后,更是如此。我国的法律需要不断完善,不断与国际接轨。在中国法律与世界主流的法律制度相互衔接、相互碰撞之时,必然会对如何接受这一现实产生理念和态度上的分歧,这是不足为怪的。近年在法律报刊上的不同意见实际上就是比较法研究应持何种态度的争论。争论主要涉及三个问题:一是如何看待法律全球化问题;二是能不能提法律现代化问题;三是如何看待法律移植以及外国法律制度能否本土化的问题。三个问题又有密切联系。

法律全球化的问题是吉林大学张文显教授在其论文中提出来的,后来复旦大学李昌道教授多次提出不宜提法律全球化。

要分清法律全球化是作为一种现象去研究呢,还是作为一个纲领性行动。

全球化作为世界当今的一种现象、一种趋势,是客观存在的,而且这一趋势有明显加快的迹象。一是"国际经济一体化"必然要导致国际经济相关规则的一体化。WTO 的规则就是参与国共同认同的国际规则。我们参加 WTO 意味着国内的相关法律要与国际规则并轨、一致。二是具有共同法性质的国际公约、协定越来越代替了传统意义上的冲突法。各不同法系以及不同国家之间的"趋同"逐渐代替了"相异"。我国新合同法起草时就充分借鉴和移植了《国际商事合同通则》和《国际货物销售公约》的相关规定。三是以地区性合作制定统一法的趋势值得注意。美国的统一法属于各州不同立法的统一,仍然是联邦制国家内的统一法,但它明显的后果是代替了原来各州之间的冲突法。欧洲共同体在商事活动中已有许多统一法,现在正在制定欧洲统一的民法典。虽然统一的民法典还不至于涵盖所有的民法各个领域,如婚姻、继承,但民法基本问题的统一法的制定及其速度是过去很多人难以想象和理解的,今天已然成了现实。拉丁美洲已在酝酿制定统一的民法典。四是跨国公司的规模作用越来越大,其后果之一是模糊了公司的国籍。国家对跨国公司的主权概念越来越淡化,商事法律规范越来越趋同。例如,伊斯兰法仍然可以约束伊斯兰国家的民事生活,但无法约束跨国公司的商事活动。过去一位罗马皇帝曾说过:“朕乃陆法之主,但海法乃海上之王。”其意是说,海上贸易涉及诸多国家之规则,只有海商法可以管,罗马国家法律也管不到。今天我们不妨夸大一点说:民法仍然是国内的法,商法已经是国际的法了,不是一个国家立法者、统治者可以任意主宰的。从国家大环境来看,这是事实,是无可否认的事实。

承认全球化的趋势不等于要把中国法律都去全球化。谁也不会愚蠢到要把中国的法律都和国际接轨,谁也不会天真到将来世界大同会大同到所有国家的法律都统一到一个规则上。但是,既然我们承认全球化是个趋势,中国的现有法律也将适应这一趋势,那么,比较法研究的一个重要任务就是要弄清哪些领域我们要“趋同”,哪些领域“要存异”,甚至“趋异”。

趋同是主流。借鉴就是趋同，趋同化也就是一体化，一体化就是全球化。只不过全球化这一名词使一些人或是基于意识形态原因，或是基于其他原因，更难接受罢了。趋同也有两种：一种是强制性的趋同，我们参加缔结的国际条约、国际公约就意味着我国必须趋同。《民法通则》第142条规定："中华人民共和国缔结或者参加的国际条约同中华人民共和国民事法律有不同规定的，适用国际条约的规定，但中华人民共和国声明保留的除外。"虽然这一条只是规定在"涉外民事关系的法律适用"中，不适用于国内民事关系，但我们既然参加有关的条约、公约，当然就要有约束力。另一种是选择性的趋同，这是指在国际上我们没有义务必须趋同，但出于制度完善的考虑，我们认为趋同更合理，更符合自己的利益。例如，我国司法制度改革中有许多与国际通行做法一致的趋同。

司法中的趋同比公法的趋同要容易些，一是因为司法有更多的国际公约约束，二是因为意识形态的障碍较少。公法的趋同相对要困难些，有一些禁区和雷区。认真探索、借鉴国际上行之有效的公法制度是完善中国法治的最重要任务。

第二个大问题，中国法律的现代化问题也是一个颇多争议、颇多敏感的问题。概括起来，其核心问题是涉及意识形态领域能不能提"现代化"。我认为法律现代化的问题应当有三个层面的问题需要研究：一是存在不存在现代化问题；二是需要不需要现代化；三是要不要作为一个口号来提法律现代化。前两个问题是法学家应该回答的问题，后一个问题是政治家的任务。

第一个问题实质是对中国一百多年来法律发展历史的回顾。清末的改良变法是第一次法律现代化的尝试,政治体制试图实行君主立宪,洋务运动设立现代企业制度,摒弃了祖宗留下来几千年的中华法系的法律制度,试图变法自强;20 世纪 30 年代初,经过长期军阀混战后统一的民国政府,制定了一系列以大陆法为范本的法典;20 世纪 80 年代初开始,以改革开放为契机,进行了长达 20 余年的符合现代化需要的配套立法,引起了国际法律界的注目。现代化不等于西方化,但中国一百多年法律现代化的进程离不开向西方先进国家学习和引进先进的法律制度。我们绝不否认我们祖先的法律制度和我们自己五十多年来创造的法律制度仍有不少方面是先进的、有益的,但也不能否认的是,法律现代化的主要内容是法律理念的现代化。要实现理念现代化,必须摒弃传统的、保守的法律观念。一百多年来的中国法律史就是一部不断现代化的历史。

第二个问题实质上是要认真总结二十多年来的改革开放经验。二十多年来中国改革开放实践告诉我们,改革开放实质上就是现代化,不仅是经济制度的现代化,而且要有政治、法律制度的现代化。只有经济制度的现代化而没有政治、法律制度的现代化,不仅经济制度不可能真正走向现代化,而且也不可能有整个国家的现代化。

中国法律确实需要现代化,特别是在四个层面上:一是法律的思想观念上,摒弃阶级、阶级斗争和专政工具的观念,建立为发展生产力、发展先进文化和广大群众服务的理念;二是在立法体系上,要建立一套充分体现民主政治和市场经济机制的公法和私法法律体系,现代化法律制度就是完善的民主政治法律制度和完善的市场经济法治制度;三是法律实施手段(包括司法制度)上,要建立真正的审判权独立机制以及对庞大行政权力的有效制约机制;四是在法律教育上,要充分使用现代信息手段,培养精通法律、具有正确处理法律实务能力的法律人才。

比较法的一个重要任务就是运用比较的方法,充分借鉴国外法律中的优秀制度为中国法律的现代化服务。

第三个大问题,本土化的问题也就是法律移植的问题。这也是与比较法密切相关的一个争论颇多的问题。有的学者倡导法律移植,有的则大力倡导本土资源和本土化。

法律移植的本质问题不是可不可以的问题,而是需要不需要的问题。只要有客观上的需要,移植并不存在那么复杂的技术问题。植物的移植受遗传基因的限制,米丘林一定要把苹果移种在寒冷的西伯利亚,忽视遗传基因作用,这与“橘子过淮为枳”的道理一样。但法律制度、社会制度并没有遗传基因,没有绝对的不能移植的内在因素,而只有是否需要的内在动因。一个社会如果认为它有建立某一法律制度的需要时,移植的技术并不难,绝不比自然科学中的“克隆技术”复杂,关键就看它是否需要。市场经济中我们需要股份制公司,需要证券市场,需要票据、期货、信托,有关这方面的法律不是很快就移植过来了吗?要建立民主政治,我们需要民告官的行政诉讼,需要听证制度,需要律师制度,需要法庭的控辩规则,不也是很容易地都引进来了吗?因此,把法律移植说得神乎其神、难乎其难,无非是为不想移植找个借口罢了。再以有限合伙为例,《合伙企业法》制定时,草案中原有专门一节规定有限合伙,但有关部门就以中国实际生活中没有有限合伙,有限合伙不符合中国国情,草案中有限合伙全都是抄国外的为由,生生地砍掉了。不久之后,人们又认识到有限合伙是高科技风险投资的一种有效形式。北京《中关村科技园区条例》也允许采用有限合伙的形式。现今又要修改《合伙企业法》,加进有限合伙的特别规定。可见有限合伙这种形式的确在中国是没有的,能不能移植进来全看是否需要。一旦需要,很容易地就写进了立法。

移植和本土化并不矛盾。不一定非是本土资源才叫本土化,移植过来的东西也可以本土化,或者说必须本土化才能真正生根,茁壮成长。信托法律制度移植过来并不难,一些大陆法国家均有案可查,但将以普通法为背景和基础的信托制度移植到无普通法背景和基础的国家,就有个本土化的立法进程,这是一个很艰苦的过程,既需要对该项法律制度有很深入的了解,又要对移植和被移植国家的社会状况、经济状况等多方面情况深为熟悉。这是一个不断完善的问题。就像前面所说,移植不移植有限合伙制度是一回事,立法对有限合伙制度如何完善是另一回事。前者是是否需要移植的问题,后者是移植后如何本土化的问题。参加 WTO 后我们不是很快也承认了"私法审查"制度吗?只不过经最高人民法院司法解释“本土化”了而已。对于宪法法院或“宪法委员会”也是同样道理,不存在能否移植的问题,而是是否需要的问题。只要法律制度中应当有这一制度,需要这一制度,移植并不难。比较法研究的一个重要任务就是证明某项制度确有移植的必要以及如何使其本土化。

本文发表于 2002 年中国法学会比较法学会年会

关于宪法修改的几点看法*

中央决定修改宪法,并提出了有关修改的几点指导性意见,现就宪法修改问题谈几点个人意见:

第一,关于宪法修改的指导原则

宪法不宜修改频繁。现在似乎形成了一个规律,就是一届新的党代表大会开完就要修改宪法,这样就会形成每五年修改一次宪法。宪法修改是个严肃的问题,必须是政治体制、经济体制发生重大变化或是更强调对公民权益保护时,修改方有意义。否则仅把党纲党章修改的精神用之于宪法的修改,是不严肃的。

第二,关于宪法修改的程序

宪法修改由执政党提出修改意见和方案不是不可以,过去也是这样做的。这次也是这样,先由中共中央成立宪法修改领导小组,有办公室人员,现在又多方听取专家意见,在此

---

* 本篇为在中共中央修宪小组专家座谈会的发言(节选)。

基础上由执政党拿出一个宪法修改的草案,提交全国人大常委会及全体会议通过。这样的一种程序也有不足之处,显得全国人大常委会及全体会议是被动的,它们在讨论宪法修正稿时往往变成被动式的通过,中共中央已经通过的宪法修改文本过去都是一字未动地予以通过。代表和委员们再提些意见,已经没什么意义了。党通过的宪法修正稿如再有变动还要再经党中央讨论,在有些人看来已经是“多此一举”了。似乎党提出的宪法修正案原封不动地通过才能体现党的领导及其正确,但这样一来,全国人大的作用就会流于形式。我认为最好的方式是执政党(中共中央)向全国人大提出宪法修改的建议,全国人大讨论认为需要修宪并成立修宪委员会或领导小组,由各方面人员组成,由全国人大的修宪机构在征求各方面的意见后提出修改稿。这样做的好处在于树立宪法在全国人民中的地位,更表明宪法的修改也应是全国人民的事情。

第三,关于私有财产保护的问题

这个问题各方面意见比较集中,宪法修改中给予更明确的表述应是没有什么问题,关键是如何改。老百姓对这个问题很关心,我认为他们关心的是三个问题:

一是什么叫“社会公共利益需要”?世界各国在对待私有财产和社会公共利益发生冲突时,都有社会公共利益优先的原则;但优先不能滥用,必须是真正的社会公共利益需要。我国滥用社会公共利益原则的情况是普遍存在的。

二是如何给予补偿？现有法律中对征收给予补偿的写法不一，有的是“相应补偿”，有的是“适当补偿”，而国际投资保护用“充分、及时、有效的补偿”，我国民法典草案用“合理补偿”。我认为必须确立不能通过征收的办法或多或少地剥夺公民的财产，必须确立“公平合理补偿”原则。

三是各级政府制定的拆迁或征地的补偿办法老百姓认为不公平合理怎么办？依现行法律老百姓对政府的具体行政行为可以向法院提起行政诉讼，而对政府的抽象行政行为是无法向法院提起诉讼的。这就使行政决定的违法性和不合理性无法得到有效的纠正。我国在参加 WTO 时已经承诺境外投资者和交易者对我国各级政府做出的决定与我国加入 WTO 时的承诺相违背时，可以向法院提出司法审查，法院可以撤销这些决定。最高人民法院也做出了相应的司法解释，我们就应该把司法审查写进宪法修正稿中去。

第四，关于宪法监督机制

现在大家都承认有不少违宪的情况发生，大家也都认为宪法实施中最大的问题不在于宪法规定内容应该扩大多少，而是在于现有的权利受到侵犯后，违宪的问题无法得到纠正。立法法规定，凡属于人身限制的问题均应以法律形式颁布，也就是说国务院的行政法规是无权规定的，而我们的劳动教养的条例在立法法生效几年后仍然没有改变。① 这次

---

① 劳动教养制度已于 2013 年 12 月 28 日废除。——编者注

孙志刚案件引起社会强烈反响,法院甚至判了主犯死刑,但根本问题不是判死刑能解决的。三个博士的建议就涉及国务院1982年颁布的有关收容遣送的规定和各地方人大对收容遣送范围扩大的规定应属违宪的,但我们没有一个专门审查和监督违宪机构。这个问题已经是迫在眉睫的问题了。(6月19日国务院常务会议已撤销了1982年的规定)

十多年前起草监督法时其中就有宪法委员会的规定,十多年后仍是无声无息。虽然现有法律明确对法律实施监督权限在全国人大常委会,但全国人大常委会并不是一个常设机构,必须有一个常设机构来实施这一职能。

第五,关于扩大公民权利的范围问题

"非典"给我们带来一些血的教训,人们都认为要在宪法上保障公民的知情权。公民享有的知情权也就意味着政府有政务公开的义务。当然政务公开不意味着一切都必须公开,但这个原则必须确立。现在应制定政务公开法,在这个法中要把政府的哪些信息必须公开明确规定,同时规定政府及其负责官员对披露虚假信息或隐瞒重要信息应承担的法律责任。

其他如公民有得到公正审判的权利以及无罪推定的权利保障都应当有所反映,以防止滥用司法权。

2003年

中国的法治需要呐喊*

今天参加了一下午的会,听到了很多溢美之词,心里面说实在的忐忑不安。我这个生日也不知道过了多少次了,没想到孙国栋(《律师文摘》主编,编者注)又举办了这样的一次。应该说第一次祝寿是学术性的,后来是家宴,但我心里总觉得有一个缺陷,就是始终没有跟律师见面,或者说有些律师很希望能够参加这么一个祝贺生日的会,但是没有机会。我想今天也了却了这么一个心情、愿望。虽然大家的溢美之词我听得很扎耳,有些确实也是自己绝对没有达到的程度,可能也是形势所造成的。因为现在我们国家法治的形势很严峻。所以,在这种情况下人们可能对我有更高的期待,但是我觉得自己各个方面的不足还很多。严格说来,改革开放三十年来,我实际上做了一个分内的事情,就是为私权而呼吁。我选择了民法、选择了私权,就是因为在中国的私权保护太薄弱了,或者说中国的私权在强大的公权面前始终处

---

* 在2010年1月23日《律师文摘》杂志举行《江平教授八十华诞庆贺文集》首发式讲话。——编者注

于弱势。这个私权可能是包括私人企业的权利，可能包括私人财产的权利，也可能是包括更广义的私权。

我最近的两本书都用了“呐喊”这个词，头一本书是《我所能做的是呐喊》；还有一本最近出的书，我自己校对的，把以前的一些东西系统汇总了一下，名字就叫作《私权的呐喊》，这是首都人文科学100人的作品，就首都人文科学界来说，应该说在法学只有我一个。我为什么选择了“呐喊”这个词，一方面当然是受了鲁迅的启发，但也不仅仅是因为这一点。我觉得选择“呐喊”很重要的一个思想就是，在私权保护方面，出了不少离奇的事件案件。形势越来越严迫。在这种情况下，就有必要“呐喊”，不管你用了什么词，“呐喊”是在情况比较紧急的情况下，人们去呼吁的一种声音。我想用“呐喊”这个词，也说明了另外一个问题，那就是对违反法治、破坏法制的现象既要敢于斗争，又要善于斗争。我觉得在现今中国法治建设的情况下，把这两个东西很好结合起来，我始终在思考，这是一个很难的问题。要么你是善于斗争而不敢表态，或者你敢于表态但有时候又失去分寸。

我记得季卫东教授曾经写过这个问题，引起我的思考，他主要是讲：江平这个人为什么在中国现在的政治条件下又能够生存，还能够没有太“踩线”；虽然领导也重视你这个人，也会对你有所注意。我既是“线内”的人，又是“线外”的人，所以这种情况确实是一个很大的难点。我想我们现在都是应该是在“线内”的人、“线外”的人之间把握住分寸，这能够更好一些。

第三个想法,对中国的法治,我仍然是总体抱着乐观态度。我以前经常爱说的一句话,中国的法治是进两步、退一步,今天我仍然不改变这个观点。因为从私权的保护角度来看,中国的私权保障比过去是大大进步了,不用说在前 30 年,更不要说在"文革"的这 10 年,就是在改革开放的 30 年,通过了《物权法》这样的洗礼,人们对于私权保护的权利意识大大提高。成都自焚的案件也好,别的案件也好,已经表明了人们私权的觉醒,再加上我们律师在里面的作用,这种平民觉醒的意识那是非常厉害的。

我们在 20 年前通过《行政诉讼法》的时候,在当时是很难设想通过一部《行政诉讼法》来保障私人的权利的。而今天来说,不管怎么说,人们通过诉讼也好、其他方式也好来维护自己应有的权利。这一点,可以说大家都懂得这个道理了,懂得了自己的权利是不能够受到侵犯的。可能有的地方私人权利保障还更超出了,可能某些地方滥用了。不管怎么说,我们现在强调保护私权,还是要强调两个方面:一个方面,私人的正当权利必须要保障;另一个方面,我们还是要注意不能滥用权利,要把握住这点。

今天,我非常感谢在座的各位,到现在还有这么多的人在这儿。虽然有些学者走了,但是我们的律师朋友有很多一直坚持到底。这也说明一个很重要的问题,就是刚才浦志强所说的,我们现在的律师队伍也好,我们现在真正关心中国法治命运的人越来越多,律师绝对不是仅仅为了挣钱,律师的觉悟中已经有很多是考虑国家的命运、法治的前途、人权的保障。这样一些思想、这样一些主题,已经在我们脑子中生根了。

这是一个可喜的现象,我相信中国一定会有光明的未来,世界大势所趋。世界人权也好、民主也好、自由也好,这是一个不可阻挡的趋势。全世界的人都在往前走,我们的一些倒退只是暂时的。

2010 年

宪法与民主政治

我认为宪法主要有两个方面的作用。

第一,宪法是法律制度的基石。一个国家最根本的政治制度也体现为宪法,非常重要的是应该树立宪法至高无上的权威的观念。从目前我国的情况来看,恰恰是人们对于宪法的重要性注意得不足,有一种“法律倒置”的现象。好像越具体的法律越重要,宪法似乎还不如一个基本的法,基本的法还不如单行法,单行法还不如国务院的法规,国务院的法规还不如一个乡政府的决定,乡政府的一个文件似乎可以超越宪法。

宪法最根本的作用应该是对权利的保障。宪法一是规定国家的政治制度,二是起着保障人权、保障公民权利的最高法律准绳的作用。

第二,宪法和宪治是密切联系在一起的。有法律并不等于有法治,有宪法也并不等于有宪治。宪治必须体现为民主政治,体现为一种权力制约的精神。宪法的重要功能是维护一个国家的民主政治制度,是一个国家民主政治制度的基石,而民主政治制度的内容各个国家可以是不一样的。但是，必须确立民主政治才能够叫宪治，不是民主政治不能叫宪治，这一点非常重要。

在我国上述宪法的两个根本作用还没有充分发挥出来。

第一个方面是宪法规定的权利的保障问题。宪法规定的是三大类权利：一是政治权利，选举权，言论、出版、结社、集会等自由权等；二是民事权利，其中最基本的是财产权、人身权等；三是社会权，比如教育、劳动和其他方面的权利。

第二个方面的问题涉及宪治和民主政治问题。十六大把民主政治的内容具体分析为四个方面：民主选举、民主决策、民主管理和民主监督。这是我国第一次把民主政治的含义明确化了。就民主选举来说，我们现在强调的是基层的选举。民主选举确实应当从基层开始，但也应该看到，光有基层选举还不行，还应该有更高层的。

政治民主中很重要的一点是尊重和宽容。“尊重”就是尊重人的尊严、权利和自由。宽容，就是应该允许各种不同的意见。建立什么样的民主制度？就是要建立有尊重和宽容精神的、祥和的民主制度，就是要达到这样一种政治局面。

原载 2002 年中央党校《学习时报》

新常态经济应减少国家干预*

一

国家法治的发展程度与官员腐败的程度是相关联的，法治国家腐败程度较低。律师在反腐中处于有利地位，应当作为反腐倡廉的积极动力，来推动中国反腐败。

要建立政府决策错误以后的追查机制。十八届四中全会的决定阐明了公职律师的职能，日后公职律师很重要的职责就是决策机制的合法性审查。要实现依法治国，就要实现对领导行为的监督检查。

二

新常态经济应该真正体现市场经济的规律。也就是说要减少国家的干预，要停止国家为了追求经济发展速度的各种刺激手段，应该更多地体现市场经济规律。市场经济规律应该重点来看公权和私权在市场中的地位，哪个是决定性

---

* 江平先生接受媒体采访的汇总，题目为编者所加。

的。市场经济里有两只手，一个是无形的手，一个是有形的手。这个无形的手应该是起决定作用的，只有无形的这只手没有起到作用，或者起不到它应有作用的时候，国家这只手才进行干预。这个原则应该是在新常态经济里面绝对要体现出来的。也就是说当市场经济这只手能起作用的时候，它是起了决定性的作用，在这种情况下，只有让市场的手起到它应起的作用的时候，才是常态的。反过来，如果以国家手段来刺激和干预，就不是正常状态下的经济。从这点来说，我们应该从过去经济发展中的一些经验教训里面得到一些总结和提高。所以，新常态经济应减少国家干预。

三

“依宪治国”的提出是一项治国理念的现代化的重大的推动。四中全会偏重的是公权力的改革，包括立法权、行政权、执法权，甚至包括公民的守法意识等，更多的是在公权力方面。在四中全会的决议里，我们也谈到市场经济基本上是法治经济，对于这个问题说的不多。所以，有人觉得四中全会主要并不是在市场的改革，主要在公权力，实际上是这样的。因此，四中全会并没有花更多的笔墨，着重来说明市场的改革，因为市场改革在三中全会已经说过。

三中全会讲到的是改革开放的路线图和时间表，而四中全会讲到的是，依法治国的体系和方法怎么能够现代化，这是四中全会最本质的特点。

四

民法典的制定我一直在参加,我们国家在2002年的时候,当时李鹏任委员长的时候,曾经让法工委尽快拿出一个民法典的草案,所以2002年我们已经提交了一个民法典,但是当时这个民法典的草案是在很紧急的情况下拿出来的,应该说内容还很不完善,也很不科学。

2002年后,我们的民法典完善也在进行,可以说是在分编地通过。原来提交的是九编,有几个是已经有的,比如《婚姻法》《继承法》《收养法》,这些都已经有了。后来,我们又通过《合同法》《物权法》,再后来又通过《侵权责任法》,然后又通过《涉外民事关系法律适用法》,也就是说,九编里面我们已经完成七编,还缺两编。这两编,一个是人格权法,另一个就是民法总则。我们现在有《民法通则》,但是没有民法总则。缺的这两部分,从现在立法的情况来看,对于民法典的制定,有点不紧不慢,或者说也在进行,但是没有把它看作一个很急迫的事情来制定。对于人格权法,学术界也有不同的争论。有的主张搞,也有人不主张搞。

我认为关键是民法总则。一部民法典它总得有一个总则,各国民法典都是这样的。总则其中对于法人制度,尤其做了比较详尽的规定,所以现在没有一个民法总则,我们的民法典很难说已经完成。

现在民法典也在进行,这次四中全会提出要抓紧制定民法典,对于民法典的制定,等于打了一剂强心针:一方面法工委也重视起来，法工委表态要抓紧制定民法典；另外，学者也都纷纷表态，要把民法典制定好。所以我觉得现在看起来，民法典是大有希望的。

民法典制定应分三步走：第一个问题是人格权法搞不搞，现在看来，大家认为还是应该搞。第二就是要把民法总则制定好。民法总则制定好，民法通则也就可以废除。当然，第三步最难，第三步最关键的就是要把九编（九大部分）整合好，要变成一个科学化的体系。这一点来说，《物权法》的难度很大。

我们《物权法》制定的时候，主体并不是按《民法通则》所讲的自然人和法人来写。我们的《物权法》，按照《宪法》的写法，是国家所有、集体所有和私人所有，而这三个与我们《民法通则》所讲的自然人和法人是完全相离的。

我们的法律也没有讲国家是作为民事关系的主体人，所以你说国家所有怎么办？集体所有更和自然人、法人沾不上边。我们现在只讲到土地的集体所有，但是集体所有应该归纳为一种什么样的主体呢？也很难。私人和自然人的概念也不完全一致。

所以，以后最大的麻烦就在于，要把《物权法》和整个民法典的主体协调一致。如果能把这个问题解决了，应该说其他的问题都是枝节问题。唯有《物权法》的制定，它是按照《宪法》的思维，不是按照《民法》传统的思维来解释的，所以这就有一个差距。怎么把这个差距解决，是一个很难的问题。

我们《宪法》规定的土地国家所有、集体所有,但是国家所有、集体所有,在《民法》里没有这个概念。我们《民法》里面没有讲集体所有。集体始终并不是一个主体。所以这种问题怎么协调,现在就要看制定民法典的学者的智慧。

国家的问题比较好办,因为世界上都承认国家是特殊的主体,即使我们一般的民事主体讲了自然人和法人,国家仍然可以作为一个主体出现,这是没有问题的。关键在于集体,世界各国都没有把集体作为一个主体来体现,这个集体到底应该体现成什么?它是谁来享有这个权利?“公”的成分来说是集体,“私”的成分又包括集体里面的成员,所以这个集体的成员和集体之间,他们的相互关系又是怎样的?

过去相当长的时间,我们对于集体所有更多地理解为“公”的方面;但改革开放后,越来越向“私”的方面转化:我们强调承包责任制,承认土地私权利的流转,应该说越来越加强“私”的方面,但是总地来说,它仍然有“公”和“私”两个方面。这两个方面如何协调好,如何能够把它的性质同法人和自然人有机地联系起来,还是需要一番努力的。

五

市场经济的核心还是保护私权利,如果私权利得不到尊重,得不到保护,市场经济就不可能得到发展。

对于这个问题,1986 年我们制定《民法通则》的时候,就已经解决。也就是《民法通则》里面讲的自然人就是指的个人,保护自然人的权利,就是保护私人的权利,所以私人和自然人在法律上是很好解释的。虽然它的理解不一样，一个是从所有制概念讲的是国家、集体和私人，这边讲的自然人是从法人和自然人来区分的，但终究说来，它的内涵是可以贯通的，自然人和私人有内在的密切关系。

集体不仅有“公”的一面，也有“私”的一面。我们现在所体现的“成员权”，以农村宅基地所有权为例，宅基地就是分配给私人的，并不是说宅基地就是大家共同享有，宅基地就是分配给私人的，所以这个“成员权”非常明确。

还有耕地，明确土地承包经营权要长期不变，从这个角度来讲，它和私人密切相关。《物权法》还特别规定，如果征用的土地是承包经营的土地，那么土地的补偿费要首先给承包经营的人。也就说明，私人的权利在集体承包的土地上表现得很明确。这些问题都大大刺激了“成员权”在我国土地关系里面的地位。

所以，只有加强了私有的观念，才能调动农民的积极性；如果我们仍是在大块土地上，大家一起工作，按份来分红，哪里会有积极性？所以，改革的积极性对于农民来说，就在于体现了对个人私权的保护。私人的权利得到尊重，才会有积极性；私人的权利没有得到保护，就没有积极性了。这是很明显的一个例子。

六

土地能不能实现私有，这是学术界始终争论的一个问题。我个人认为，土地中的宅基地是最容易实现土地私有的。一方面，是因为宅基地的土地量并不大，一家就那么一块宅基地，有些宅基地以前就是自己家里的地，房子的地也是属于他的，所以，宅基地的放开将来是势在必行。也就是说，农村的房子是可以卖的。现在我们有些地方已经放开，但这里面有一个理论问题没解决，土地是属于集体的，你把房子卖了，卖给城市人了，这个土地是属于谁的呢？这个问题始终是一个难点。

过去，《物权法草案》有这条规定，农村的宅基地不能买卖，但是农村的房子可以买卖，原来是有这样写的。房子卖了之后，宅基地也就随之转让，其实这是很顺理成章的。我把房子卖了，等于说把宅基地转让了。但是就是因为土地是集体所有的，这个关卡突破不了。所以，将来这条要突破，首先从宅基地突破开始。

我不太主张城镇一体化之后，让农民自愿迁入镇里，搬进政府盖的房子，然后把他们的宅基地无偿收回。这种情况在有些地方是可行的，并且是在农民都自愿的情况下是可行的，但是有些农民不太愿意，还想保留自己这一片的土地和房屋。不能够采取强迫命令的办法，让农民所谓自愿放弃自己的宅基地，然后都归公，我不太赞成这种办法。我始终都主张，要尊重农民自己的选择，不能因此而侵犯了农民对自己房屋和土地的使用权和自主权。

原载2014年财新网、新华网、凤凰财经等媒体

法治兴，则中国兴*

从 1978 年改革开放到现在，中国的经济与社会建设取得了举世瞩目的成就。促成这些成就的原因是复杂的，既有执政者正确决策的个人因素，也有历史恩赐的机遇因素，也当然还有法律等方面变革的制度因素。短时期的建设成就及其原因的复杂性交织在一起，很容易让当代中国人——至少是部分当代中国人，自我感觉良好，并产生两种错误的认识。一种错误认识是把过去三十多年的发展路径作为历史性的发展模式固化下来，以便提炼一种可以值得自我骄傲和对外宣扬的价值观。另一种错误认识是很容易夸大政策和偶然性因素的功效，而忽略了制度因素的根本性。

放在人类历史的长河中，三十多年的繁荣与发展只不过是匆匆过客。对于一个国家的长久兴衰而言，政策性和偶然性的因素，更像是一个“药引子”。而真正能够让国家养成“健康体魄”的还是制度性的因素。其中，法治又是制度建设的核心，重中之重。法治的要义包括依宪治国、保障私权、

---

* 本篇为“法治中国”丛书总序。

程序正义、司法独立与社会正义。在当下的历史关口,中国领导人是否选择法治、建设法治、依赖法治,将最终决定中国过去三十多年的繁荣与发展只是历史上的昙花一现,还是中华民族实现伟大复兴的真正前奏曲。此时此刻,中国社会犹如一条大船正航行在“历史三峡”的最后险滩。唯有走向法治,中国才可能最后平稳地渡过“历史三峡”,完成现代国家建设,并开创新的太平盛世。

具体来说,法治至少可以发挥如下几个方面的历史性功效。

首先,在经济建设上,保护私有财产权和合同履行的法治将激发中国人新一轮的创业与投资热情,并通过释放制度红利来推动中国经济的转型与升级。反过来,如果政府对私权的保护不能加以改善,中国的精英阶层将继续采用“用脚投票”的方式,到其他国家去“做梦”——而那些留在中国的,恐怕也大多在做“外国梦”。因此,如果不走向法治,中国经济之持续繁荣将不会有制度保障。

其次,在政治建设上,崇尚程序正义和司法公正的法治将为中国公民提供底线社会正义,为将来潜在的大规模政治冲突提前安装“社会减震阀”。进入新世纪以来,因为社会不公而引发的矛盾与冲突已经层出不穷。最近的一些个案也清楚地表明,社会不公所积累的公民怨愤,已经给中国社会累积了大量的负能量。法治,也只有法治,才能避免中国因社会不公而滑入革命化趋势,并避免由此导致的公民与执政者双输的局面。

最后，在社会建设上，只有保障价值多元和思想自由的法治才可能让中国社会出现“百花齐放、百家争鸣”的社会繁荣，并为多元价值观的求同存异、达成必要的社会共识提供制度保障。相反，因为没有法治保障，社会转型期所形成的形形色色的价值观都处于灰色地带，并非常敏感地对任何潜在的冒犯行为都进行激烈的防御攻击，并导致中国社会的诸多价值观都采取霍布斯意义上的“丛林规则”以求生存。法治是把中国社会的各种价值观带出“丛林”的唯一通道。

简言之，只有走向法治才能帮助建设一个让全体中国人可以对自己未来的生活作长期规划的社会，一个中国人可以信赖中国人的社会，一个中国人可以认同中国人的社会。归根结底，法治能否在中国得以全面实施，将决定中华民族能否得以复兴，中华文明能否得以体面地延续。回顾 1840 年以来的中国历史，当代中国人有着一个前辈从来未有过的历史机遇：以走向法治这样一种和平建设的方式为未来富强、文明和民主之中国奠定历史性基业。

当然，走向法治，不能只求“毕一役之功”。在 1949 年建立人民共和国以后，中国的法治建设经历了如下四个阶段：共和国初期的法律实用主义、“文化大革命”时期的法律虚无主义、改革年代的法律经验主义以及目前我们要奋斗的法律理念主义。所谓法律理念主义，就是把法律从工具、从制度变成治国的理念。

幸运的是，在过去三十多年，在“摸着石头过河”的经验主义思想的指导下，中国已经至少在立法层面完成了法律体系的建构。在实践中,政府和社会也都初步尝到了法治的甜头。尽管法治建设在最近几年出现了严重的滑坡,执政党的“十八大报告”还是指出“法治是治国理政的基本方式”,并承诺“全面推进依法治国”。换句话说,至少在文字层面,中国领导人已经认可了从法律经验主义通往法律理念主义的路径。

然而,如何让中国——在改革的操作层面上——走向法治的诸多问题依然悬而未决。因此,出版这套“法治中国”丛书,正是适逢其时。该丛书立足于当代中国法治现实,以问题为导向,以学术为根基,通过实证分析和学理探讨为中国的核心价值重建以及制度改革出谋划策。丛书的选题覆盖所有同中国走向法治相关的重大命题,包括宪治、违宪审查、审判独立、选举制度、预算制度、财税制度、中央与地方关系、律师与民主政治等。在论证风格上,作者无不强调理性建设。这套丛书的出版,将会对中国走向法治产生实质性的影响。

这些年,我本人也一直为中国的法治建设摇旗呐喊。之前,在给一本书写序时,我提过“律师兴,则中国兴”。很显然,律师是法律体系的一部分,律师工作在很大程度上是服务于法治建设的。因此,今天,在为“法治中国”丛书写总序时,我想拔高一些:法治兴,则中国兴。

是为序。

2013年5月

编 后 记

吹尽狂沙始到金

江平先生的呐喊一曰私权神圣，一曰宪治民主。前者是他的专业，由民法而信用、而个体、而自治，法治的落脚点带来的是权利正义的观念。后者是法律的大环境，叙事宏伟，义正词严，说白了不过国家生活的“程序正义”。人说，江平是第五代法学家，前四代法学家的建设能够在他或他之后的法律人赓续开花，有个结果吗？仿佛是个问题。

不怕有问题，法律人就是解决问题的。无论如何，三十年来还是有些进步。除了政治家的宏论，法律人的百折不挠、自铸伟词也是有目共睹。以至于十多年前居然冒出了个“政法系”，为权利抗争的一时气象很是鼓舞人心。江老就出入其间，呐喊助威，高屋建瓴。

戏局里的安慰是，草民的冤案峰回路转，是制度改进的一波三折，司法正义的观念就渐入人心。戏局里的悲是，法律的本质属性依然没有得到足够的尊重。法治若成，需要的是诚实和谦卑。在江平一代法律人的话语里，此等焦虑跃然纸端，但理性、清平、坚定的专业立场始终不变，这是法律的保守与稳健，也是知识人的诚实与勇敢。是的，在常识依然需要被拯救的时刻，诚实是一种勇敢。

我与江先生结交十余载,不是近身的同事、亲炙的弟子,难言多深的了解和情谊,但终因律师观察这块小小的地盘而成了不远不近的相识者,江老师对我从事的事业有足够的理解和支持,而我,在率性举事之间,有了江老师这样的大家在前,就多了一点自信、一点坚持的动力。他,不但是法律界的引领者,也是我个人的一个精神支柱。

缪托知己意义无多,我还是有些义务为江老师做些什么的,尽管我还是个小学生,学得不好,却非常愿意成为他精神的追随者、传播者,也力争成为一个法律至上的好信徒,于是就有了为江老师编辑文集的想法。

在前年夏红的婚礼上,借着主持人的空当我向他说明来意,他并无犹豫地答应,信手就签了授权委托。其中的信任无言,让我力量倍增。

两年过去了,江老师的文集一直在整理中,除了他的旧作,一直在等待着新声。熟悉江老的朋友知道,江老的立场多是以演讲和访谈出现的,需要一点时间。

编者的选择是一种立场和态度,我还是比较倾向于“大叙事”。那种除了专业之外的社会关怀,如法学教育、律师制度和民主民生等,唯如此,才对得上我心目中的江老师。

如今,江老所忧虑的法治倒退有了好转,但法治理想国的局面为时尚早。正因为尚有时日,才需要我们加倍努力,才需要江平文集再度申明立场,以表达法律人志在天下的雄心。

“千淘万漉虽辛苦,吹尽狂沙始到金。”愿这本文集能够表达我对江平,以及一代法律人的敬意,也愿它能够给您带来一点信心和力量。

赵国君

2015年1月21日于京北竹本斋